Leonardo Medrano / Carlos Spontón

Editores

Regulación del Estrés en tiempos de pandemia

Pautas para la Resiliencia Organizacional

Editorial Brujas

Título: *Regulación del Estrés en tiempos de pandemia.*
Pautas para la Resiliencia Organizacional

Editores: Leonardo Medrano, Carlos Spontón

Autores: Leonardo Medrano, Carlos Spontón
Roger Muñoz-Navarro, Antonio Cano-Vindel
Zoilo García-Batista, Kiero Guerra-Peña, Luciana Moretti,
Marisa Salanova

Prólogo: María Belén Mendé

Regulación del estrés en tiempos de pandemia : pautas para la resiliencia
organizacional / Leonardo A. Medrano ... [et al.] ; editado por Leonardo A. Medrano ;
Carlos Spontón. - 1a ed . - Córdoba : Brujas ; Universidad Siglo XXI, 2020.
226 p. ; 23 x 15 cm.

1. Organización de Empresas. 2. Pandemias. 3. Estrés. I. Medrano, Leonardo A., ed. II.
Spontón, Carlos, ed.
CDD 658.002

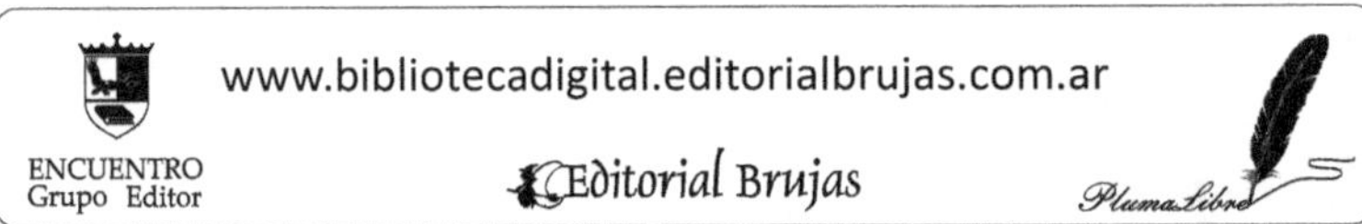

www.editorialbrujas.com.ar publicaciones@editorialbrujas.com.ar
Tel/fax: (0351) 4606044 / 4691616– Pasaje España 1486 Córdoba–Argentina.

Índice

Prólogo

Desde hace dos siglos la ciencia y el humanismo han demostrado que el progreso humano no es una utopía. Poco a poco aprendimos a utilizar el conocimiento para promover el florecimiento y bienestar humano. Hemos logrado aumentar la esperanza de vida, la seguridad, generar sociedades más justas y equitativas, transformar la forma en la que trabajamos y estudiamos. Si bien todavía restan muchos aspectos por mejorar, podemos aseverar sin lugar a dudas que hoy las personas tienen mejor calidad de vida que hace doscientos años. Sin embargo, la humanidad cíclicamente tiende a encontrarse con adversidades que ponen a prueba sus conocimientos y valores.

Nos encontramos atravesando un momento inédito en nuestra historia. La pandemia por COVID-19 continúa extendiéndose por el mundo, deteriorando los sistemas sanitarios, la economía y la calidad de vida de toda la población. Es la primera vez que nuestra especie sobrelleva un confinamiento de escala global. Diversos estudios señalan que nos aproximamos a la recesión económica más grande de nuestra historia. Para encontrar una contracción de magnitud comparable hace falta retroceder hasta la Gran Depresión de 1930. Se prevé un fuerte aumento del desempleo con efectos negativos en la pobreza y desigualdad.

¿Es posible ser optimista en este contexto? Frente al fatalismo la mejor opción es el optimismo condicional. La idea de que todos los problemas son resolubles si contamos con los conocimientos adecuados. Los seres humanos somos una especie que vive de su ingenio, inventando y compartiendo nociones sobre la mejor forma de abordar los problemas que nos rodean.

Cuando nos enfrentamos a adversidades disponemos de dos alternativas: paralizarlos o transformarnos. Las crisis son también una oportunidad para el cambio, nos desafían, nos obligan a salir de nuestra zona de confort, nos invitan cuestionarnos e innovar. Este escenario puede ayudarnos a desarrollar recursos y fortalezas tanto individuales como colectivas. Esta situación puede volvernos más unidos como sociedad. Quizás las consecuencias tan dramáticas que estamos viviendo nos ayuden a revisar nuestros valores, la forma en que trabajamos y la importancia que le otorgamos a nuestra salud. Quizás nos ayude a re-pensar nuestra economía, nuestra manera de enseñar y de aprender. Probablemente nos permita ser una sociedad más solidaria y empática.

La adversidad puede ser fuente de crecimiento, pero para ello se requiere de acciones rápidas, efectivas e integradas. El estado, las organizaciones y las universidades deben articularse para lograr respuestas efectivas. Una gestión inadecuada en esta etapa aumenta exponencialmente las consecuencias de la pandemia a mediano y largo plazo. La duración y las consecuencias de esta pandemia dependerá de la velocidad y eficacia para dar respuestas sanitarias, económicas y sociales durante esta etapa inicial.

La emergencia sanitaria impactó en el 73% de los trabajadores de Argentina, ya sea por la reducción de horas, la imposibilidad de ejercer la actividad laboral o el cambio de sus rutinas mediante la adopción del teletrabajo. Se observa un crecimiento en la prevalencia de problemas asociados al estrés en el trabajo.

Las presiones económicas y las fricciones entre la vida familiar y laboral han aumentado los niveles de agotamiento emocional. Asimismo, se existe un aumento en el porcentaje de trabajadores que han perdido el interés e la identificación con su trabajo. Frente a ello, las organizaciones deben tomar medidas necesarias para minimizar el impacto de este escenario inédito en el bienestar emocional de las personas.

El bienestar emocional es un recurso clave para poder afrontar los desafíos y adversidades que plantea esta pandemia. Probablemente, la emergencia sanitaria y los índices de mortalidad pueden llevar a suponer que no estamos en un momento oportuno para preocuparnos sobre el bienestar emocional de la población. Pero más que nunca debemos tener en claro que el bienestar emocional no es un lujo. Es un requisito esencial para que las personas puedan trabajar de forma productiva, afrontar el estrés cotidiano, desarrollar su talento y realizar una contribución significativa a la comunidad. Por este motivo la promoción del bienestar y la gestión del estrés deben constituir un objetivo estratégico en todas las organizaciones, sobre todo en momentos como el que estamos viviendo. Esperamos que este libro sea una herramienta útil para lograr dicho propósito.

María Belén Mendé
Rectora de la Univesidad Siglo 21

Impacto del COVID-19. Es posible la resiliencia tiempos de pandemia?

Dr. Leonardo Medrano

Introducción

Las consecuencias del COVID-19 están siendo devastadoras y profundas. A la fecha más de tres millones las personas han sido contagiadas y más de 200 mil personas han perdido su vida. Lamentablemente, las consecuencias de esta pandemia se extienden a casi todos los dominios de nuestra vida. Ha cambiado nuestra forma de trabajar, de estudiar y de relacionarnos.

El impacto de la pandemia por COVID-19 no constituye solo una amenaza para la Salud Pública. Esta pandemia a generado efectos adversos que afectan la vida de millones de personas. Estas consecuencias pueden analizarse desde cuatro ejes: a) impacto en la salud, b) impacto económico y en el mundo del trabajo, c) impacto en la educación y, d) impacto en población vulnerable.

a. Impacto en la Salud

El impacto en la salud no refiere solamente a la salud física, sino también mental. Como veremos a lo largo del libro, esta pandemia ha generado un aumento significativo en los niveles de estrés crónico y en el desarrollo de desórdenes emocionales. Tal como indica la Organización Mundial de la Salud (OMS) la amenaza del COVID-19 y el confinamiento están causando un fuerte impacto psicológico. Resulta esperable que el aislamiento, el distanciamiento físico, el cierre de escuelas y lugares de trabajo, generen emociones tales como estrés, ansiedad, miedo o soledad. La dificultad para regular estos estados emocionales puede llevar a que estas emociones normales adquieran una frecuencia e intensidad que afecte nuestro bienestar, nuestras relaciones y nuestra funcionalidad (la forma en que trabajamos o estudiamos, por ejemplo).

b. Impacto en la economía y el mundo del trabajo

Uno de los ámbitos en los que la pandemia por coronavirus ha generado efectos más potentes es el económico. Según la Organización Mundial del Trabajo (OIT) el 81% de los empleadores y el 66% de los trabajadores por cuenta propia viven y trabajan en países afectados por el cierre ordenado o recomendado de los lugares de trabajo, con graves repercusiones sobre sus ingresos. Además, se estima que casi 1600 millones de trabajadores de la economía informal se ven muy afectados por las medidas de confinamiento, estimándose una disminución en sus ingresos de alrededor del 60%.

Además del impacto económico, el mundo del trabajo se ha visto fuertemente transformado. Muchas organizaciones han tenido que adaptarse rápidamente al trabajo remoto, constituyendo un desafío para los líderes y equipos de trabajo. Estos cambios también impactaron en las dinámicas familiares, observándose un aumento del conflicto familia-trabajo. El hecho de tener que afrontar los desafíos cotidianos con menos recursos ha aumentado los niveles de estrés laboral en todo el mundo.

c. Impacto en la educación

Según el Instituto Internacional de la UNESCO, los estudiantes se han visto forzados a entrar en una dinámica no planificada de clases a distancia, que afecta su vida cotidiana y la continuidad de sus aprendizajes. Quienes no hayan contado con una oferta de continuidad de calidad y con seguimiento individualizado, probablemente se irán desvinculando del ritmo académico y aumentando su riesgo de abandono del sistema. Sumado a ello se estima que un 25% de los estudiantes no tiene acceso a internet, lo cual impide que estos alumnos puedan continuar con su proceso educativo.

La situación es particularmente preocupante respecto de los estudiantes más vulnerables que ingresaron a la educación superior en condiciones más frágiles. Una disrupción en el entorno como la que está produciendo esta crisis puede convertir esa fragilidad en abandono reproduciendo así, una vez más, la exclusión a la que da lugar la inequidad que caracteriza el ingreso a la educación superior en la región.

d. Impacto en población vulnerable

Definida por la OMS como una pandemia mundial se podría pensar que el COVID-19 y sus efectos no distinguen entre los habitantes del planeta. Sin embargo, los datos indican que el COVID-19 no afecta ni afectará a todos por igual. Existen grandes brechas tanto en los riesgos de salud que nos plantea como en la forma en que cada uno puede responder al riesgo de infectarse. Estas brechas están determinadas fundamentalmente por las diferencias socio-económicas entre los individuos en las distintas zonas del planeta y las consecuencias psicosociales de las mismas pueden ser importantes (Rodríguez-Bailón, 2020). Tal como indica CIPPEC, aunque la población más vulnerable a COVID desde el punto de vista médico son los ancianos, socialmente la población más vulnerable son los niños y las mujeres (especialmente las familias jóvenes con hijos). La mayor parte de esta población no cuenta con protección de la seguridad social ni con otras formas de protección de los ingresos.

Resiliencia en tiempos de COVID-19

Más allá del impacto adverso que ha generado, esta pandemia también puede ayudarnos a desarrollar recursos y fortalezas tanto individuales como colectivas. Esta situación también puede volvernos más unidos como sociedad. Quizás estas consecuencias tan dramáticas nos ayuden a revisar nuestros valores, la forma en que trabajamos y la importancia que le otorgamos a nuestra salud. Quizás nos ayude a re-pensar nuestra economía, nuestra manera de enseñar y de aprender. Quizás nos vuelva una sociedad más solidaria y empática.

¿Es posible ser optimista en este contexto? Como señala Steven Pinker (2018), frente al fatalismo la mejor opción no es el optimismo, sino el optimismo condicional. La idea clave del optimismo condicional es que todos los problemas son resolubles si contamos con los conocimientos adecuados.

El Homo sampiens es una especie que vive de su ingenio, inventando y compartiendo nociones sobre la mejor forma de abordar los problemas que nos rodean. Afortunadamente, el desarrollo científico puede ayudarnos a dar batalla a las adversidades que genera esta pandamia. Para afrontar esta situación necesariamente debemos hacer uso de todos los recursos disponibles que hayan demostrado ser útiles para superar estas adversidades. El presente libro tiene por fin ofrecer información y recomendaciones sobre algunos de estos recursos. Puntualmente nos focalizaremos en recursos que la evidencia científica indica que son claves para gestionar el estrés y aumentar el bienestar emocional de los trabajadores. En el próximo capítulo ahondaremos en la importancia de centrarnos en esta problemática.

Consecuencias de la Pandemia por COVID–19 en el Estrés de Trabajadores Argentinos.

Dr. Leonardo Medrano
Mgter. Carlos Spontón
Dr. Roger Muñoz-Navarro
Dr. Antonio Cano-Vindel.

Introducción

En el presente informe se analizan diversas variables que reflejan los niveles de bienestar emocional y estrés de los trabajadores argentinos. Según la Organización Mundial de la Salud los trabajadores son el sector de la población que más contribuye al desarrollo socioeconómico de una sociedad. Si este sector de la población padece estrés crónico no pueden desarrollar sus habilidades, afrontar el estrés normal de la vida, trabajar de manera productiva, y hacer una contribución significativa a la comunidad. Por este motivo, el *Observatorio de Tendencias Sociales y Empresariales*, monitorea año a año diferentes factores asociados al estrés y bienestar emocional en trabajadores argentinos. Este año, el mundo del trabajo se ha visto seríamente impacto por la pandemia por COVID-19. En función de ello el presente estudio analizó: 1) Niveles de Burnout en Trabajadores Argentinos, 2) Comparación de los niveles de Burnout año a año, 3) Comparación del Burnout según variables sociodemográficas y laborales, y 4) Ranking de factores psicosociales asociados al burnout.

Información Metodológica

Metodología: Cuantitativa.
Tipo de investigación: Descriptiva.
Técnica de recolección de datos: Encuesta telefónica.
Instrumento de recolección de datos: Cuestionario estructurado.
Población de estudio: Hombre y mujeres con edades comprendidas entre los 18 y los 65 años de edad, residentes de las siguientes ciudades argentinas:

– Ciudad de Buenos Aires

– Comodoro Rivadavia

– Córdoba

– Corrientes

– Mendoza

– Rosario

– San Miguel de Tucumán

Procedimiento de selección de la muestra:
Probabilístico – Aleatorio sistemático.
Tamaño de la muestra: 1050 casos.
Error de la muestra: 3,02%.
Nivel de confianza: 95%.

Resultados

Análisis preliminar

La emergencia sanitaria afectó al 73% de los trabajadores en Argentina, ya sea por reducción de horas, teletrabajo o impidiendo el ejercicio de la actividad laboral. El 37,5% de la muestra analizada no está pudiendo trabajar como consecuencia del confinamiento. Solo el 46,9% de los trabajadores no vieron disminuidos sus ingresos. Un 28,7% de los trabajadores tuvieron una reducción en sus ingresos entre el 20 y 60%, mientras que un 21.5% tuvo una disminución promedio del 80%. Por otra parte, el 43,9% señala que su sueldo no le alcanza para satisfacer sus necesidades de vida.

1. Niveles de Burnout en Trabajadores Argentinos

Para evaluar los niveles de agotamiento, se utilizó el *"Maslach Burnout Inventory (MBI)"*, un instrumento de uso mundial para evaluar estrés crónico. El burnout (o estrés laboral crónico) caracteriza por dos síntomas centrales: Altos niveles de agotamiento y altos niveles de cinismo.

Al evaluar el nivel de **agotamiento emocional** de los trabajadores se observa que el **47.8%** de los indica que **"siempre o casi siempre"** que **le resulta difícil relajarse luego de una jornada laboral**, y el **36%** señala que **cada vez le cuesta más ir a trabajar.** Por otra parte, el **37.9% señala que se encuentra tan cansado que no puede dedicarse a otras cosas después del trabajo.**

Además del agotamiento, el estrérs crónico genera "cinismo" frente al trabajo, un estado psicológico caracterizado por una falta de interés e identificación por el trabajo. Al evaluar los niveles de cinismo se observó que el **25.8%** señala que **cada vez se siente menos involucrado con su trabajo**, y el **27.5% duda que su trabajo contribuya en algo interesante**, y el **21.4%** siente que **ha perdido interés por su trabajo.**

2. Comparación de Burnout en base a años anteriores

Al evaluar los niveles de agotamiento se observa una **variación porcentual interanual promedio de 4,96%.** Tal como se observa en la figura 1, aumentó el porcentaje de personas que experimenta sintomas de agotamiento por estrés crónico la mayor parte de los días de la semana.

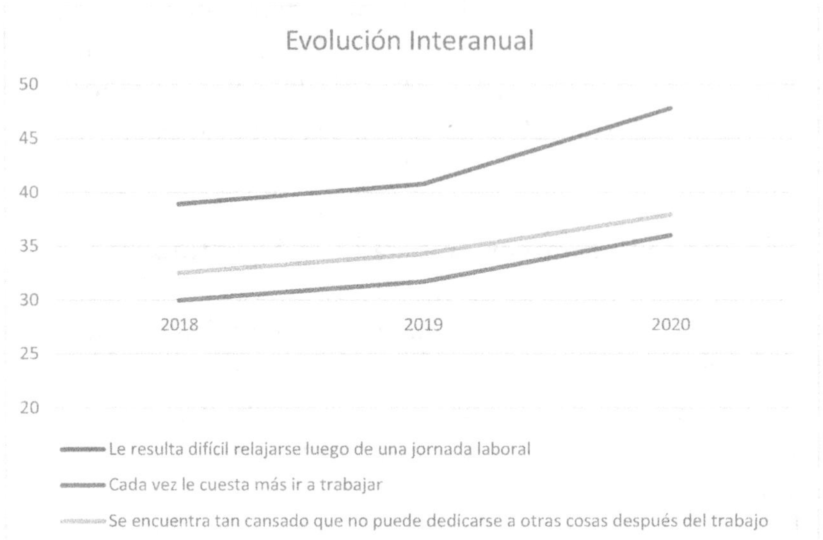

En relación a los niveles de **Cinismo**, se observa aprecia una **variacion porcentual interanual promedio del 4,53%**. Tal como se observa en la figura 2, aumentó el porcentaje de personas que experimenta sintomas de agotamiento por estrés crónico la mayor parte de los días de la semana.

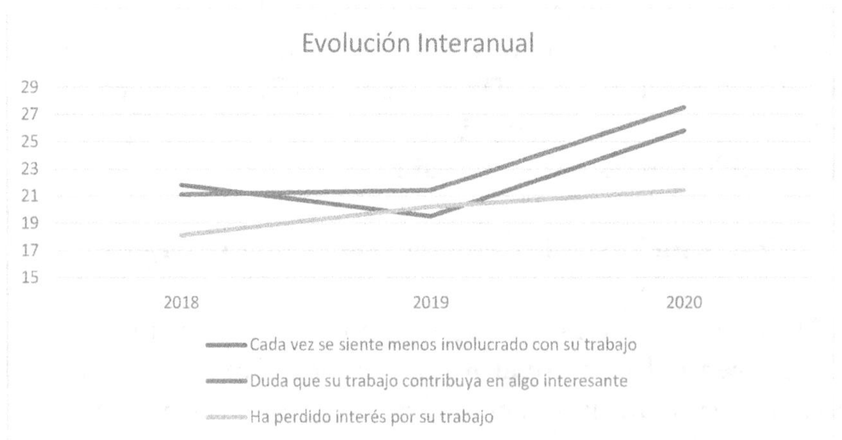

3. Impacto en los niveles de Burnout según variables sociodemográficas y laborales

Los cambios en la actividad laboral generaron impactos disímiles en los niveles de burnout. Se observa que **los menores niveles de agotamiento y cinismo se observan en los trabajadores que pueden seguir trabajando desde su casa, pero con un horario flexible**. Esta diferencia es estadísticamente significativa. Pareciera que esta modalidad de trabajo es la que menos impacto tiene en los niveles de burnout, por lo que puede afirmarse que **la flexibilidad horaria constituye un factor protector del burnout.**

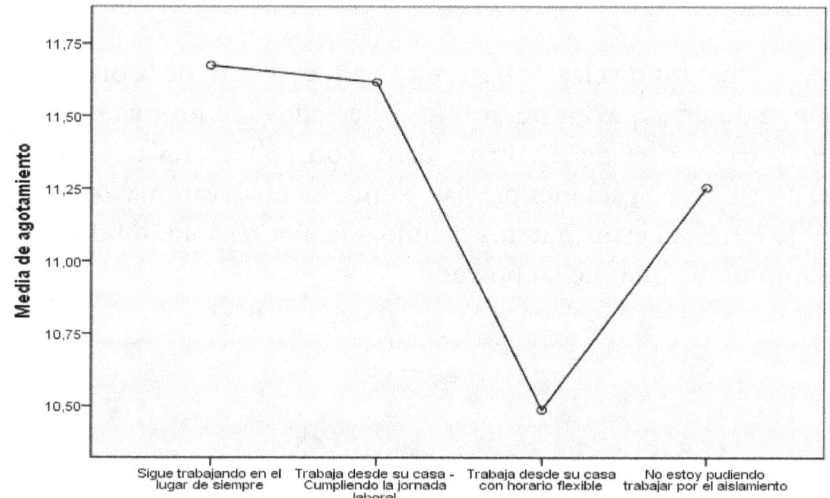

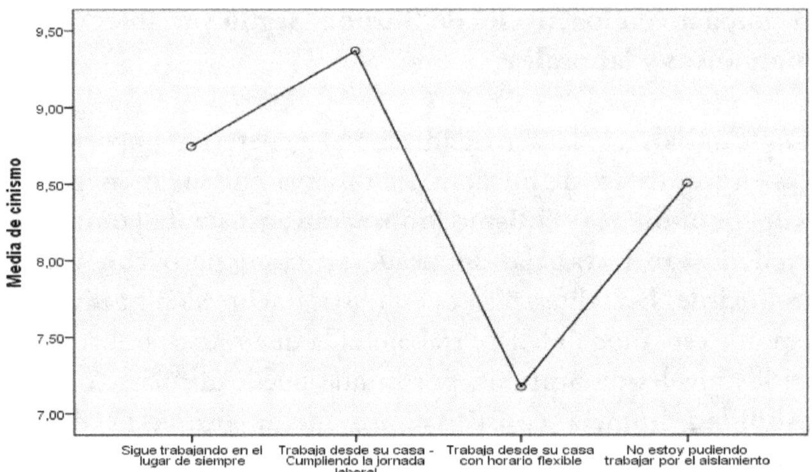

Al evaluar los niveles de burnout según el puesto de la organización se observa que los puestos más afectados son los mandos medios (puesto gerenciales). Estos datos son coherentes con lo observado en investigaciones previas, donde se observan mayores niveles de estrés en estos puestos debido a la alta responsabilidad y baja autonomía que suelen poseer.

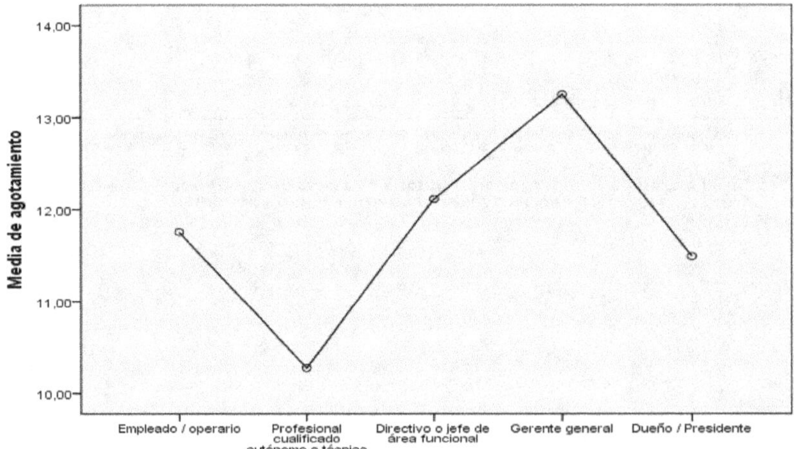

En relación a los ingresos, se observa que los mayores niveles de burnout se aprecian en el sector de menor nivel de ingresos, y con menor nivel educativo. Diferencias semejantes se observaron al considerar el nivel educativo. Concretamente, se observan los mayores niveles de Burnout en los trabajadores con Primario Incompleto, y los menores niveles de Burnout en los trabajadores con título de Posgrado. El 40% de los trabajadores con primarios incompleto obtuvieron puntajes altos para el cinismo y el 20% obtuvo puntajes altos para agotamiento. Por el otro lado, sólo el 1,8% de los trabajadores de postgrado obtuvieron puntajes altos para cinismo y sólo el 5,5% obtuvo valores altos en agotamiento.

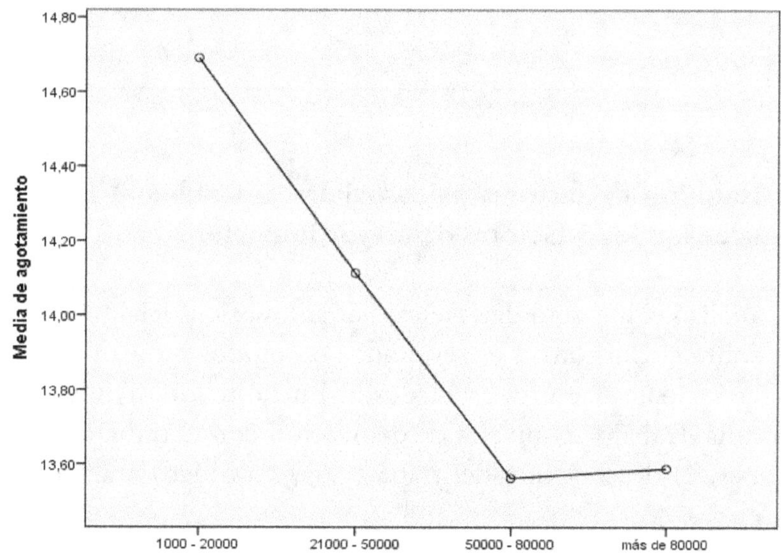

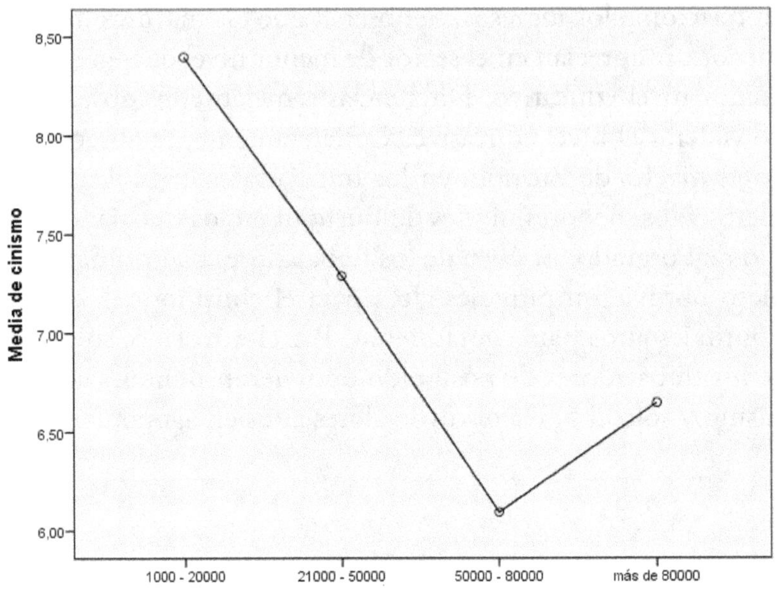

4. Ranking de factores psicosociales asociados al Burnout: Cuales son los 5 factores de mayor impacto?

Se analizó el impacto de diversas variables psicosociales y su impacto sobre el Burnout. Los resultados obtenidos indican que entre los principales factores asociados al Burnout son: 1) Conflicto Familia-Trabajo, 2) niveles de dedicación con el trabajo, 3) rumiaciones, 4) desconexión del trabajo y 5) Conflicto Trabajo-Familia.

Ranking	Variable	Descripción	Impacto estadístico (valor Beta estandarizado)
1	Conflicto Familia-Trabajo	Refiere a la fricción entre las demandas familiares y laborales. En este caso refiere a que las exigencias, el tiempo y el esfuerzo del trabajo interfieren con la realización de actividades familiares	.22 (R cuadrado incremental: 10%)

2	Dedicación	Esta variable se vincula al nivel de identificación y orgullo que posee el trabajar con su trabajo	.-21 (R cuadrado incremental: 17%)
3	Rumiaciones	Refiere a pensamientos repetitivos que ocurren de forma automática e incontrolable sobre eventos negativos	.08 (R cuadrado incremental: 18%)
4	Desconexión	Refiere a la posibilidad de distanciarse psicologicamente del trabajo y desconectarse del mismo una vez finalizada la jornada laboral	.-09 (R cuadrado incremental: 19%)
5	Conflicto Trabajo-Familia	Este conflicto es creado cuando las demandas provenientes del hogar, el tiempo y el esfuerzo consagrados a ellas interfieren con el desempeño de las actividades profesionales	.08 (R cuadrado incremental: 20%)

Los resultados obtenidos indican que el principal factor psicosocial que genera estrés crónico en los trabajadores de Argentina son en primer lugar, el conflicto familia-trabajo, las rumiaciones y el conflicto trabajo-familia. Es decir, **la fricción que se genera entre el trabajo y la vida familiar hoy constituye el principal factor que está generando burnout**. Cabe destacar que es mayor el estrés causado por la dificultad para cumplir con las demandas familiares como consecuencia de las demandas laborales, no obstante, la dificultad para cumplimentar las demandas laborales por las demandas del hogar tambien constituyen una fuente relevante del burnout.

Se destacan dos factores protectores del burnout: la *desconexión* (es decir, la capacidad para poder distanciarse psicológicamente del trabajo una vez finalizada la actividad laboral), y la *dedicación* (nivel de orgullo e identificación con el trabajo). Esto significa que aquellos trabajadores que se sienten más orgullosos y entuasismados con el trabajo que están realizando, y que poseen mayores posibilidades de desconectarse de su trabajo una vez concluida su jornada laboral, son quienes poseen menores niveles de burnout. Sin embargo, el burnout aumenta si no se cuenta con estos factores protectores.

Finalmente, cabe señalar que la **rumiación es un factor asociado al burnout**. Es probable que la tendencia presentar pensamientos perseverativos sobre temas negativos afecte la posibilidad de desconectare, aumento los niveles de agotamiento y en consecuencia, influya sobre los niveles de estrés crónico.

Conclusiones

El impacto de la pandemia por COVID-19 no constituye solo una amenaza para la Salud salud física, sino también mental. Esta pandemia a generado efectos adversos que afectan la vida de millones de personas. En el presente estudio se corrobora un aumento en los niveles de estrés crónicos en la población de trabajadores. Concretamente **se observa un incremento interanual de aproximadamente 5 puntos en los niveles de burnout en relacion al año pasado.** Más concretamente se observa que **el 47.8%** de los trabajadores indica que **le resulta difícil relajarse luego de una jornada laboral, el 36% indica que se siente tan cansado que cada vez le cuesta más iniciar su jornada laboral y el 37,9% indica que se encuentra tan cansado que no puede dedicarse a otras cosas despues del trabajo.** Sumado al aumento en los niveles de agotamiento, tambien se incrementaron los niveles de cinismo. De hecho, **el 21.4% indica que ha perdido interés por su trabajo, y el 25.8% indica que cada vez se siente menos interesado e involucrado con su trabajo**

De ninguna manera, estos datos deben interpretarse como evidencia para no utilizar la cuarentena. Tal como señalan Brooks y colaboradores (2020), los efectos psicológicos de no utilizar la cuarentena y permitir que se propaguen las enfermedades podrían ser peores. Si la cuarentena es esencial, los estados y organizaciones deben tomar medidas necesrias para asegurar que esta experiencia sea lo más tolerable posible para las personas.

Entre los factores que permitirían disminuir los niveles de burnout se recomiendan:

1. Promoveer horarios flexibles de trabajo
2. Realizar acciones tendientes a disminuir el conflicto familia-trabajo
3. Promover acciones de desconexión
4. Gestionar las rumiaciones y otros factores asociados a la regulación emocional
5. Promover emociones positivas en el trabajo (centradas en emociones de orgullo)

Si la experiencia de la cuarentena es negativa, los resultados de este examen sugieren que puede haber consecuencias a largo plazo si no se efectúan las acciones necesarias.

Porqué cuidar el bienestar emocional en tiempos de pandemia? El impacto de los desórdenes emocionales

Dr. Leonardo Medrano
Dr. Zoilo García-Batista
Dr. Kiero Guerra-Peña
Dra. Luciana Moretti

Introducción

La crisis sanitaria y asistencial generada por la pandemia de covid-19, así como las medidas de confinamiento que se han tomado para hacer frente al virus, ha supuesto un grave problema de salud pública y una gran alteración para la vida de las personas. Los posibles beneficios de la cuarentena masiva obligatoria deben sopesarse cuidadosamente frente a los posibles costos psicológicos. El éxito del uso de la cuarentena como medida de salud pública requiere que reduzcamos, en la medida de lo posible, los efectos negativos asociados a ella.

La cuarentena es a menudo una experiencia desagradable para los que se someten a ella. La separación de los seres queridos, la pérdida de la libertad, la incertidumbre sobre el estado de la enfermedad y el aburrimiento pueden, en ocasiones, crear efectos dramáticos. En un artículo recientemente publicado en la prestigiosa revista *The Lancet* se revisaron 24 artículos sobre las consecuencias psicológicas de la cuarentena (Brooks et al., 2020). Entre los factores de estrés identificados se destacan temores de infección, frustración, aburrimiento, suministros inadecuados, información inadecuada, pérdidas financieras y estigma.

Entre los estudios revisados se observa evidencia que indica un aumento en los niveles de depresión severa y casos de suicidio. Asimismo, se prevé un aumento en la prevalencia de estrés postraumático. No obstante, el mayor crecimiento de casos se aprecia en trastornos asociados al estrés y los desórdenes emocionales (Brooks et al., 2020).

El estrés crónico y sus consecuencias en la salud

Para comprender las consecuencias del estrés crónico, es importante conceptualizar, en primer lugar, la función que posee la respuesta de estrés. En términos generales, el estrés puede ser considerado como un proceso que se inicia cuando un organismo percibe que una situación o acontecimiento desborda los recursos que tiene para afrontarla. En otras palabras, cada vez que experimentamos demandas que superan nuestros recursos, se desencadena una respuesta de estrés.

En términos evolutivos las respuestas de estrés son indispensables para la supervivencia. Imaginemos, por ejemplo, que un animal se encuentra con un depredador, necesita una respuesta fisiológica inmediata que le permita enfrentarse a este tipo de emergencias. Afortunadamente, nuestro organismo se encuentra bien equipado para enfrentarse a situaciones demandantes o emergencias de corto plazo. Para la mayor parte de los animales el estrés consiste en una crisis pasajera. Luego de escapar de un depredador, el agente estresante agudo desaparece y el animal puede recuperarse del exceso de energía que requirió la situación estresante. Sin embargo, en los seres humanos este proceso no es tan simple. Las personas contamos con la capacidad de anticipar problemas y estresarnos durante semanas o meses por hechos que solo ocurren en nuestra mente. De esta forma, activamos durante mucho tiempo un sistema fisiológico que ha evolucionado para responder a emergencias agudas (Sapolsky, 2007).

Cada vez que nos estresamos, nuestro organismo se desencadena una respuesta fisiológica que rompe nuestra homeostasis. Por lo cual, luego de responder al agente estresante nuestro organismo debe invertir energía en restablecer la homeostasis. Esta fase de restablecimiento también constituye parte de la respuesta del estrés. De esta forma, podemos de decir que el estrés normal involucra dos fases: a) una fase de tensión, donde el organismo rompe su homeostasis y direcciona su energía y recursos en responder a las demandas de la situación, y b) una fase de restauración, en donde el organismo debe invertir energía en reestablecer el proceso homeostático (figura 1).

El concepto de homeostasis ha sido modificado en años recientes y progresivamente reemplazado por el concepto de alostasis. La diferencia radica principalmente en que la homeostasis consiste en pensar que el organismo realiza pequeños cambios o arreglos para reestablecer el funcionamiento del organismo. Por el contrario, el concepto de alostasis sugiere un funcionamiento mucho más complejo. Según esta idea, el cerebro coordina diversos cambios en el cuerpo, e incluso realiza cambios alostáticos anticipándose a posibles desperfectos. Para algunos autores estos cambios son tan complejos que la respuesta de estrés no es otra cosa que el intento de nuestro cuerpo de restablecer el equilibrio. Para entender con mayor claridad estas ideas conviene analizar el proceso de estrés paso a paso.

Durante la fase de tensión (figura 1), nuestro organismo moviliza rápidamente la energía de los sitios en que se halla almacenada y evita que se siga almacenando. Ante una emergencia, es lógico que el cuerpo paralice los proyectos de construcción a largo plazo. Como veremos más adelante, el estrés puede inhibir el crecimiento, la capacidad reproductora o la inmunidad del organismo. ¿Qué sentido tiene seguir creciendo, reproducirse o evitar una enfermedad a futuro si no logro salir vivo de esta emergencia? Si estoy en una situación estresante lo lógico es que redistribuya mi energía y la utilice para responder a las demandas inmediatas.

Figura 1. Fases del estrés

Fuente: elaboración propia.

La respuesta de estrés de nuestro organismo se caracteriza por ser miope, ya que derrocha recursos importantes para el cuerpo con el fin de responder con eficacia a emergencias. Es por ello que luego de esta fase de tensión, se requiere de una fase de recuperación igualmente costosa para el organismo, ya que reestablecer el equilibro es una tarea extremadamente compleja. No obstante, mientras estas fases se sucedan con normalidad podemos hablar de un proceso saludable de estrés.

Los problemas asociados al estrés surgen cuando este proceso natural se ve interrumpido. Esto puede ocurrir fundamentalmente por dos motivos: a) por excesos de demandas que llevan a que nuestro organismo pase de una fase de tensión a otra fase de tensión, o b) interrupción de la fase de recuperación, esto puedo ocurrir, por ejemplo, cuando no logramos desconectarnos del agente estresante o seguimos pensando en las demandas a pesar de que ya no sea necesario. Si esto ocurre, y se pone continuamente en marcha energía de forma continua a costa de su almacenamiento, el organismo no dispone de reservas para funcionar de forma óptima. Esto desencadena una amplia variedad de consecuencias adversas para nuestra salud y productividad. Para entender los mecanismos con que opera el estrés crónico en nuestro organismo, deberemos revisar previamente el sustrato neurobiológico implicado.

Neurobiología del estrés

La forma principal en la que nuestro cerebro ordena a nuestro cuerpo lo que debe hacer es por medio de mensajes que envía a través de nervios. Los nervios son ramificaciones que descienden del cerebro por la columna vertebral y llegan a la periferia del cuerpo. Una rama de este sistema nervioso es consciente y voluntaria (por ejemplo, si decidimos mover un músculo), mientras que otra parte de este sistema transmite mensajes involuntarios y automáticos, por este motivo se la denomina "sistema nervioso autónomo".

El sistema nervioso autónomo puede dividirse en dos partes. Por un lado, se encuentra el sistema nervioso simpático, el cual se pone en marcha cuando hay una emergencia o creemos que la hay (fase de tensión del estrés). La otra parte se denomina sistema nervioso parasimpático (figura 2), y desempeña una función opuesta dado que se centra en funciones vegetativas que posibilitan el mantenimiento de la vida y el correcto funcionamiento de la función metabólica. Este sistema se activa durante la fase de recuperación del estrés y se inhibe durante la fase de tensión. Es importante tener en claro que ambos sistemas funcionan de forma excluyente, es decir, que al activarse una respuesta simpática en el organismo, se desactiva la respuesta parasimpática.

Figura 2. Sistema nervioso autónomo: sistema simpático y parasimpático

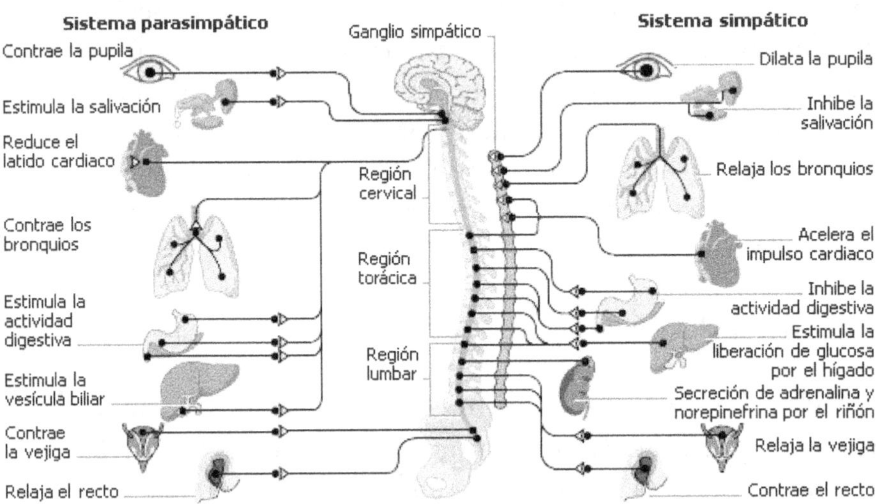

Fuente: [Imagen sin título sobre sistema nervioso autonomo]. (s.f.). Recuperado de https://www.psicologia-online.com/sistema-nervioso-simpatico-y-parasimpatico-diferencias-y-funciones-3916.html

Las terminaciones nerviosas del sistema simpático liberan adrenalina y noradrenalina (también denominadas epinefrina y norepinefrina). Las terminaciones nerviosas del sistema simpático liberan adrenalina en las glándulas suprarrenales, y el resto de las terminaciones nerviosas simpáticas de todo el cuerpo segregan noradrenalina (Sapolsky, 2007). Estas sustancias son los mensajeros químicos que activan diversos órganos en solo unos segundos. Gracias a esta rápida reacción nuestro cuerpo puede responder rápidamente a situaciones de emergencia (durante la fase de tensión del proceso de estrés; Sapolsky, 2007).

Existen diferentes mensajeros en nuestro organismo que permiten ponerlo en marcha para afrontar un factor estresante. Por un lado, existen los neurotransmisores, los cuales se ocupan de comunicar una neurona con otra neurona. Este mensajero es liberado por una neurona y se desplaza una milésima de micra a la siguiente neurona. Otro mensajero son las hormonas, a diferencia de los neurotransmisores, la neurona (u otra célula) segrega un mensajero químico en el torrente sanguíneo que genera efectos más amplios en el organismo. Las hormonas son segregadas por glándulas de todo tipo, y durante el estrés se activa la secreción de algunas y se inhibe la de otras (Sapolsky, 2007, p. 45).

¿Cuáles son las hormonas implicadas en la respuesta al estrés? Existe un eje de gran importancia implicado en la respuesta al estrés denominado eje HPA. Este eje involucra al hipotálamo, la glándula pituitaria y las glándulas periféricas (figura 3). Cuando el cerebro percibe o simplemente prevé un agente estresante, el hipotálamo libera CRH (factor liberador de corticotropina), una hormona que activa la glándula pituitaria y provoca que ésta libere ACTH (también denominada corticotropina), la cual llega a las glándulas suprarrenales a través del torrente sanguíneo y desencadena la liberación de glucocorticoides.

Figura 3. Eje HPA involucrado en el estrés

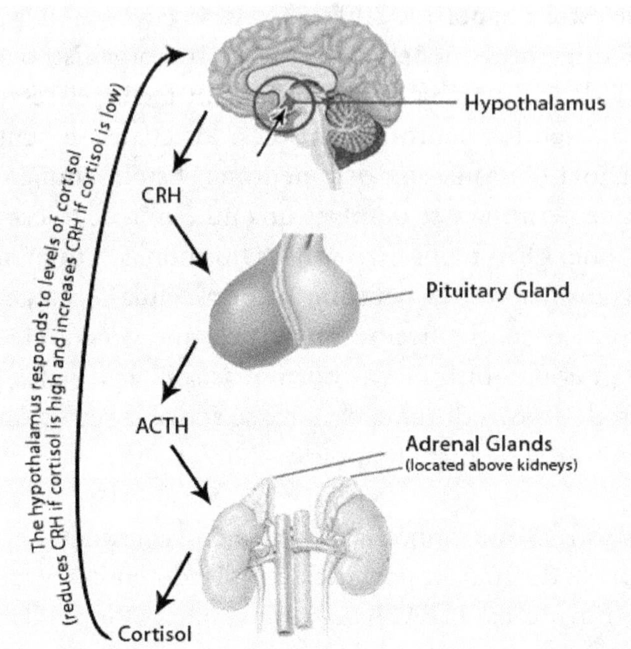

Fuente: [Imagen sin título sobre eje HPA]. (s.f.). Recuperado de https://estres-cancer.wordpress.com/estres-cronico-y-depresion/

Los glucoroticoides, actúan de una forma similar a la adrenalina y noradrenalina segregada por el sistema simpático, pero a diferencia de estas últimas, su efecto se prolonga por minutos u horas (mientras que la adrenalina y noradrenalina actúa durante segundos).

Existen una serie de complicaciones. Si bien los mensajeros neurológicos y hormonales mencionados preparan al organismo para afrontar un gran gasto de energía (fase de tensión), algunos efectos de los glucocorticoides ayudan a recuperarse de la respuesta de estrés (fase de recuperación), o bien nos preparan para afrontar el próximo agente estresante. Lamentablemente para el lector, existen aún más complicaciones, dado que en función del agente estresante puede variar la respuesta de estrés. Por ejemplo, se ha visto que el sistema nervioso simpático se activa en situaciones de ansiedad y estados de tensión o alerta, mientras que la fuerte secreción de glucocorticoides es un indicador de depresión.

A pesar de las variaciones que pueden existir, se ha observado que el sistema nervioso simpático y los glucocorticoides intervienen en la respuesta de casi todos los agentes estresantes, y constituyen, de este modo, a la estructura principal de respuesta al estrés de nuestro organismo. A continuación, veremos que, si bien estos cambios neurológicos y endócrinos nos sirven para responder a emergencias agudas, pueden hacernos daño a largo plazo (Sapolsky, 2007).

Consecuencias del estrés en la salud física

Supongamos que nos encontramos en nuestro trabajo y de golpe entra un león por la puerta. Sin lugar a duda experimentaremos una activación de nuestro sistema nervioso simpático, mientras que nuestro sistema parasimpático se inhibe. La activación del sistema simpático genera (en otras cosas) un aumento en nuestra respuesta cardiovascular. El corazón quintuplica su actividad y la sangre comienza a circular con más velocidad y fuerza. La presión sanguínea aumenta, y nuestra sangre corre a gran velocidad por el cuerpo (en realidad no por todo el cuerpo, de hecho, se observa un descenso dramático del flujo sanguíneo en partes no esenciales para una respuesta a la emergencia como el tracto digestivo o la piel).

Quizás con un poco de suerte y gracias a los rápidos cambios que experimentó nuestro organismo pudimos escapar de león. Ahora bien, ¿Qué sucede si en vez de un león aparece nuestro jefe con cara de molesto (o si simplemente interpreto que tiene cara de molesto)? ¿Qué sucede si algo sale mal en mi trabajo y corro el riesgo de que me despidan? ¿O tengo una reunión importante? ¿Qué sucede en nuestro cuerpo si simplemente anticipo que algo puede salir mal? Efectivamente, la reacción de nuestro organismo es exactamente la misma. El problema es que activamos de forma crónica una respuesta inicialmente preparada para una emergencia aguda. La respuesta saludable de estrés que nos permitió escapar del león y sobrevivir, puede volverse patológica al activarse de forma crónica con agentes estresantes psicológicos y sociales.

Para verlo de forma más clara, podemos analizar la relación entre el estrés y los problemas cardiovasculares, la principal causa de muerte en el mundo desarrollado. El primer paso para desarrollar un problema cardiovascular es el desarrollo de hipertensión. Como mencionamos anteriormente, es normal que la presión sanguínea aumente durante la respuesta al estrés, pero ¿qué sucede si la presión sanguínea se eleva de forma crónica? En primer lugar, la sangre regresa con más fuerza al corazón y provoca un mayor impacto en la pared muscular, que con el paso del tiempo puede generar una hipertrofia izquierda ventricular. El corazón ahora está desequilibrado y tiene mayores riesgos de desarrollar un ritmo cardíaco irregular.

Sumado a ello, la hipertensión crónica daña los vasos sanguíneos. Con el paso de los años aumenta la cantidad de vasos dañados e inflamados. Debido a la alta presión de la sangre también aumenta la circulación de plaquetas, grasa y colesterol, la cual aumenta la probabilidad ateroesclerosis (figura 4). Esto puede generar obstrucciones y derivar en un ataque cardíaco (en caso de que se obstruya una arteria coronaria) o un infarto cerebral (en caso de que se obstruya un vaso sanguíneo del cerebro). Por ejemplo, se ha observado que animales crónicamente relegados a posiciones subordinadas (por ende, expuestos a más estrés), tienen el doble de aterosclerosis.

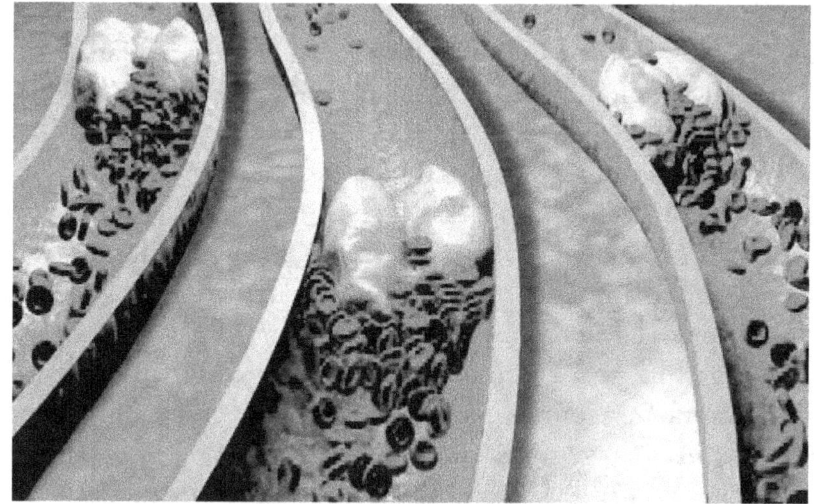

Fuente: [Imagen sin título sobre ateroesclerosis]. (2017). Recuperado de https://mejorconsalud.com/ateroesclerosis/

El estrés crónico también disminuye nuestra capacidad para reaccionar a situaciones de estrés agudo y recuperarnos de ellas. Si el estrés crónico ha dañado los vasos sanguíneos cada nuevo agente estresante aumentará su capacidad nociva (Sapolsky, 2007). Si gozamos de buena salud, frente a una situación de estrés agudo se activa nuestro sistema simpático, el corazón se acelera de forma intensa y coordinada, y aumenta la fuerza de sus contracciones. Al trabajar más de lo habitual, el músculo cardíaco consume más energía y oxígeno, para lo cual se dilatan las arterias coronarias. Pero si nos enfrentamos a un agente estresante agudo con un corazón que padece isquemia crónica [el suministro de oxígeno y glucosa es menor]. (Sapolsky, 2007, p.87)

Al tener tejidos cardíacos dañados aumenta la probabilidad de un infarto frente a emociones intensas. Por ejemplo, se ha observado que una emoción negativa como la cólera "duplica el riesgo de sufrir un infarto en las dos horas siguientes" (Sapolsky, 2007, p.89).

Como mencionamos, el estrés crónico también afecta nuestra recuperación luego de afrontar un estresor agudo. Siguiendo el proceso involucrado en el estrés, luego de una fase inicial de activación para afrontar al agente estresante, sigue una fase de recuperación. El sistema nervioso parasimpático acciona a través del nervio vago una disminución en los latidos del corazón. Tal como mencionamos, los sistema simpático y parasimpático son excluyentes entre sí (no podemos acelerar y frenar al mismo tiempo) Si nuestro sistema simpático se activa constantemente estamos cerrando de forma crónica nuestro sistema parasimpático, esto hace que nos resulte más difícil bajar el ritmo general incluso en situaciones en que no estamos expuestos a un agente estresante.

A continuación, veremos que, si bien estos cambios neurológicos y endócrinos nos sirven para responder a emergencias agudas, pueden hacernos daño a largo plazo.

Consecuencias del estrés en la salud mental

El estrés laboral no solo genera enfermedades y problemas físicos (por ejemplo, dolores de espalda, irritabilidad, insomnio, irritabilidad), sino que duplica la probabilidad de desarrollar un desorden emocional (DE). Los DE son trastornos mentales caracterizados por altos niveles de activación emocional, crónicos y de valencia desagradable. Bajo este paraguas conceptual se encuentran los trastornos de ansiedad, trastornos del estado de ánimo y trastornos adaptativos de tipo ansioso, depresivo o mixto (Cano-Vindel, 2011). Dichos trastornos también suelen agruparse bajo la denominación de Trastornos Mentales Comunes (Endsley, Weobong y Nadkarni, 2017), para diferenciarse de trastornos mentales menos frecuentes, pero más severos e incapacitantes (esquizofrenia y trastorno bipolar, por ejemplo).

Los DE poseen una elevada prevalencia, afectan el bienestar y funcionamiento cotidiano de millones de personas en todo el mundo. Según un estudio meta-analítico (Steel et al., 2014) una de cada cinco personas cumplía con el criterio diagnóstico de alguno de estos trastornos durante el último año (17.6%; 16.3-18.9%), y se estima que el 29.2% (25.9-32.6%) presentará un DE a lo largo de su vida, siendo en su mayoría trastornos del estado de ánimo y trastornos de ansiedad (15.4%; 12.8-18.5%).

La depresión y la ansiedad generalizada ocupan un lugar destacado entre los DE. En un sentido amplio la depresión refiere a una amplia variedad de problemas de salud mental caracterizados por la ausencia de afecto positivo (pérdida de interés y disfrute), estado ánimo deprimido y otros síntomas cognitivos, conductuales y fisiológicos que pueden alterar el funcionamiento laboral y social de las personas. Según la OMS la depresión se convertirá en una de las tres principales causas de discapacidad en el mundo para el 2030. El impacto de este trastorno sobre la calidad de vida y la discapacidad funcional (días de trabajos perdidos, por ejemplo), supera al impacto de las enfermedades físicas crónicas. Más preocupante aún resulta su relación con la ideación suicida y los intentos de suicidios.

Tabla 1. Síntomas de depresión

Síntomas de depresión	
Estado de ánimo irritable o bajo la mayoría de las veces	Movimientos lentos o rápidos
Dificultad para conciliar el sueño o exceso de sueño	Inactividad y retraimiento de las actividades usuales
Cambio grande en el apetito, a menudo con aumento o pérdida de peso	Sentimientos de desesperanza y abandono
Cansancio y falta de energía	Pensamientos repetitivos de muerte o suicidio
Sentimientos de inutilidad, odio a sí mismo y culpa	Pérdida de placer en actividades que suelen hacerlo feliz, incluso la actividad sexual
Dificultad para concentrarse	

Fuente: elaboración propia en base a American Psychiatric Association, 2013.

Por su parte, el trastorno de ansiedad generaliza (TAG) se caracteriza por una ansiedad y preocupación excesiva, acompañada por síntomas de inquietud, fatiga, dificultad para concentrarse, irritabilidad, tensión muscular y sueño perturbado. Sin embargo, en los contextos de atención primaria se han encontrado índices de prevalencia superiores. Más allá de su prevalencia, el TAG es un trastorno de importancia por su elevada comorbilidad. Junto a la depresión, el TAG es el trastorno de mayor impacto en el funcionamiento social y laboral. Cuando ambos trastornos se dan de manera conjunta se observan los niveles más elevados de deterioro.

Tabla 2. Síntomas de ansiedad generalizada

Síntomas de ansiedad generalizada

Preocupación o ansiedad persistentes por determinados asuntos que son desproporcionados en relación con el impacto de los acontecimientos	Incapacidad para relajarse, sensación de nerviosismo y sensación de excitación o de estar al límite
Pensar demasiado los planes y las soluciones a todos los peores resultados posibles	Dificultad para concentrarse, o sensación de que la mente se «pone en blanco»
Percibir situaciones y acontecimientos como amenazantes, incluso cuando no lo son	Fatiga
Dificultad para lidiar con situaciones de incertidumbre	Trastornos del sueño
Temperamento indeciso y miedo a tomar la decisión equivocada	Tensión o dolores musculares
Incapacidad para dejar de lado u olvidar una preocupación	Temblor, agitación

Fuente: elaboración propia en base a American Psychiatric Association, 2013.

Los DE no solo afectan la calidad de vida de las personas y familiares que los padecen, sino que también conllevan altos costos sociales y económicos (Gustavsson et al., 2011). Por ejemplo, en España el coste de los DE se aproxima a los 26.000 millones de euros anuales (Pares-Badell et al., 2014).Inglaterra los costos directos (costos de atención médica, pagos por discapacidad, y provisión de servicios de apoyo) e indirectos (ausentismo y productividad laboral) de los trastornos mentales es de 105.2 billones de libras anuales y en Estados Unidos asciende a los 193.2 billones por año (Kessler et al., 2008).

En Latinoamérica la prevalencia de DE a lo largo de la vida es de un 33% (28-38.3%), supera en un 4% el promedio mundial (Steel et al., 2014). Se calcula que la prevalencia de depresión en Latinoamérica es del 31.3%, y del 8.8% para el TAG (Kohn et al., 2005).

Sumado a ello se estima que el 58.9% de las personas con depresión y el 63.1% de las personas con TAG, necesitaban tratamiento y no lo recibieron (Kohn et al., 2005). El hecho de no recibir el tratamiento puede generar consecuencias negativas, tales como la reducción de la calidad de vida el bienestar emocional.

Las condiciones laborales adversas y la percepción de falta de apoyo predicen el inicio de sintomatología subclínica ansiosa y depresiva (Andrea, Bultmann, van Amelsvoort, y Kant, 2009) y un mayor riesgo de desarrollar un diagnóstico de dichos trastornos (Strazdins et al., 2010).

En la década del '70 se introdujo el concepto de *burnout* para referirse un estado negativo relacionado con el estrés crónico ocasionado por la sobrecarga y las altas demandas laborales (Maslach y Leiter, 2016). Si bien existe controversia con relación a la estructura y los criterios diagnósticos del *burnout*, en general se acuerda en considerar al agotamiento (fatiga producida por el esfuerzo psicológico que se realiza en el trabajo) y el cinismo (actitudes de indiferencia y distanciamiento hacia el trabajo) como sus dimensiones centrales (Halbesleben y Demerouti, 2005; Llorens, García-Renedo y Salanova, 2005).

Se ha constatado que los trabajadores con *burnout* experimentan mayores emociones negativas (Castellano, Cifré, Spontón, Medrano y Maffei, 2013), presentan mayores problemas de salud, abuso de sustancias, disminución del desempeño, falta de compromiso organizacional mayor insatisfacción laboral e intención de abandonar la organización, así como más bajas laborales de tipo psiquiátrico (Moriana y Herruzco, 2005).

El estudio de la relación entre el *burnout* y los DE se ha incrementado en los últimos años (Maslach y Leiter, 2016). Aunque algunos autores sugieren un posible solapamiento (Bianchi, Boffy, Hingray, Truchot y Laurent, 2013), diferentes estudios concuerdan en señalar que se tratan de constructos diferentes, aunque relacionados (Maslach y Leiter, 2016). Por ejemplo, se ha observado mediante estudios longitudinales una relación recíproca entre el *burnout* y la depresión, donde cada uno de ellos predice el desarrollo posterior del otro (Ahola y Hakanen, 2007).

Palabras finales

Como se ha comentado a lo largo del capítulo, el impacto de la cuarentena y el estrés crónico subcomitante es amplio, sustancial y puede ser duradero. De ninguna manera, estos datos deben interpretarse como evidencia para no utilizar la cuarentena. Tal como señalan Brooks y colaboradores (2020), los efectos psicológicos de no utilizar la cuarentena y permitir que se propaguen las enfermedades podrían ser peores. Si la cuarentena es esencial, los estados y organizaciones deben tomar medidas necesarias para asegurar que esta experiencia sea lo más tolerable posible para las personas. Si la experiencia de la cuarentena es negativa, los resultados de este examen sugieren que puede haber consecuencias a largo plazo si no se efectúan las acciones necesarias. En el siguiente capítulo analizaremos recursos que pueden poner en marcha las organizaciones para gestionar el estrés y promover el bienestar psicológico en tiempos de pandemia.

Referencias

Ahola, K., & Hakanen, J. (2007). Job strain, burnout, and depressive symptoms: A prospective study among dentists. *Journal of affective disorders, 104*(1-3), 103-110

American Psychiatric Association. (2013). *Guía de consulta de los criterios diagnósticos del DSM-5®: Spanish Edition of the Desk Reference to the Diagnostic Criteria From DSM-5®*. American Psychiatric

Andrea, H., Bültmann, U., van Amelsvoort, L. G., & Kant, Y. (2009). The incidence of anxiety and depression among employees—the role of psychosocial work characteristics. *Depression and Anxiety, 26*(11), 1040-1048

Bianchi, R., Boffy, C., Hingray, C., Truchot, D., & Laurent, E. (2013). Comparative symptomatology of burnout and depression. *Journal of health psychology, 18*(6), 782-787

Cano-Vindel, A. (2011). Los desórdenes emocionales en atención primaria. *Ansiedad y Estrés, 17*(1).

Castellano, E.; Cifré, E.; Spontón, C.; Medrano, L. & Maffei; L. (2013). Emociones Positivas y Negativas en la predicción del Burnout y Engagement en el Trabajo. *Revista Peruana de Psicología y Trabajo Social, 2*(1), pp. 75-88.

Endsley, P., Weobong, B., & Nadkarni, A. (2017). The psychometric properties of GHQ for detecting common mental disorder among community dwelling men in Goa, India. *Asian journal of psychiatry, 28*, 106-110

Gustavsson, A., Svensson, M., Jacobi, F., et al. (2011). Cost of disorders of the brain in Europe 2010. *Eur Neuropsychopharmacol, 21*, 655–679.

Halbesleben, J. R., & Demerouti, E. (2005). The construct validity of an alternative measure of burnout: Investigating the English translation of the Oldenburg Burnout Inventory. *Work & Stress, 19*(3), 208-220

Informe Observatorio de Tendencias Sociales y Empresariales, (2018). *Observatorio de Tendencias Sociales y Empresariales, Universidad Siglo 21.* (Inédito).

Kessler, R. C., Whiteford, H. A., Sheridan, J. S., Cleary, C. M., Chant, D. C., Wang, P. S., & Hilton, M. F. (2008). The prevalence of psychological distress in employees and associated occupational risk factors. *Journal of Occupational and Environmental Medicine, 50*(7), 746-757

Kohn, R., Levav, I., Almeida, J. M. C. D., Vicente, B., Andrade, L., Caraveo-Anduaga, J. J., ... & Saraceno, B. (2005). Los trastornos mentales en América Latina y el Caribe: asunto prioritario para la salud pública. *Revista Panamericana de Salud Pública, 18*, 229-240

Llorens, S., García-Renedo, M., & Salanova, M. (2005). Burnout como consecuencia de una crisis de eficacia: un estudio longitudinal en profesores de secundaria. *Revista de Psicología del Trabajo y de las Organizaciones, 21*(1-2), 55-70

Maslach, C., & Leiter, M. P. (2016). Burnout. In *Stress: Concepts, Cognition, Emotion, and Behavior* (pp. 351-357). Academic Press

Pares-Badell, O., Barbaglia, G., Jerinic, P., Gustavsson, A., Salvador-Carulla, L., & Alonso, J. (2014). Cost of disorders of the brain in Spain. *PloS one, 9*(8), e105471

Sapolsky, R. (2007). *Por qué las cebras no tienen úlcera?: la guía del estrés*. Madrid: Alianza Editorial

Steel, Z., Marnane, C., Iranpour, C., Chey, T., Jackson, J. W., Patel, V., & Silove, D. (2014). The global prevalence of common mental disorders: a systematic review and meta-analysis 1980–2013. *International journal of epidemiology, 43*(2), 476-493

Strazdins, L., Shipley, M., Clements, M., Obrien, L. V., & Broom, D. H. (2010). Job quality and inequality: Parents' jobs and children's emotional and behavioural difficulties. *Social Science & Medicine, 70*(12), 2052-2060

Vindel, A. C., Salguero, J. M., Wood, C. M., Dongil, E., & Latorre, J. M. (2012). La depresión en atención primaria: prevalencia, diagnóstico y tratamiento. *Papeles del psicólogo, 33*(1), 2-11.

¿Cómo sobrevivir al COVID-19? Apuntes desde la Resiliencia Organizacional

Dra. Marisa Salanova

Introducción

El término resiliencia tiene su origen en el latín resilio que significa volver atrás, volver de un salto, resaltar, rebotar. Se empezó a utilizar en la Física, y expresa la cualidad de los materiales a resistir la presión, doblarse con flexibilidad, recobrar su forma original. Sin embargo, la resiliencia humana y social, no se limita a resistir, permite la reconstrucción y la superación a pesar de las dificultades. La resiliencia surge de la adversidad y es la capacidad de seguir funcionando bien en esas situaciones adversas, es algo positivo que es consecuencia de algo negativo, y puede desarrollarse en las organizaciones.

La situación de adversidad generada por el COVID-19 no solo contagiará malestar y muchas emociones negativas, sino que también permitirá el desarrollo de recursos y fortalezas tanto individuales como colectivas que quizá se desconocían hasta el momento en que hay que ponerlas en práctica. Frente a las crisis podemos esperar diferentes patrones de adaptación organizacional que hemos ya comprobado que se dan en otros contextos adversos de crisis, y que hemos estudiado desde el Modelo HERO (Healthy & Resilient Organizations; Salanova, 2008, 2009; Salanova et al.,

2012, 2019), con el que entendimos que las organizaciones saludables son "resilientes" porque pueden seguir funcionando bien en situaciones adversas, afrontar cambios de manera proactiva, y crecer con las crisis.

En la situación actual del COVID-19, podríamos predecir que las organizaciones que no se adaptan podrían dejar de existir, desaparecerían con las crisis, siguiendo patrones de "retroceso organizacional". Empezamos a observar las fatídicas pérdidas humanas con la cantidad de muertos que van creciendo, empresas que han quebrado, familias necesitadas, y países y sociedades que entran en situaciones catastróficas. No obstante, habrá organizaciones que sobrevivirán a esa etapa difícil, otras se adaptarán y otras pueden llegar incluso a crecer después del trauma. Una de las piezas clave para que las organizaciones no solo se adapten, sino que tengan procesos internos de desarrollo y crecimiento post-traumático es la resiliencia organizacional. Esas organizaciones se prevé que tengan un funcionamiento en donde se han visto fortalecidas, han sabido aprender del trauma, crecer como organización a nivel de personas, equipos, desempeño, y crecimiento económico y social.

En España, donde el efecto de la pandemia está siendo muy duro (no sé cuando se lean estas líneas dónde habremos llegado) pese a la real disminución de recursos de todo tipo, no todas las organizaciones han reaccionado igual. Algunas organizaciones ya estaban implementando cambios que otros no querían "ver" como el trabajo a distancia con multitud de aplicaciones online para trabajar de forma individual y en equipo, la educación y formación a distancia en donde universidades, institutos, colegios y centros de formación ya tenían implementadas ventajas tecnológicas y formación online; la re-estructuración de equipos con la generación de equipos ad-hoc y recolocaciones; el cambio de producción dentro del mismo sector (ej., textil) pero fabricando otros productos de primera necesidad (ej., mascarillas); la televenta online y uso de redes sociales corporativas, y un sinfín de acciones más. Si no existían previamente esos "recursos laborales y psicosociales" las organizaciones han tenido que implementar todos estos cambios de manera forzosa, con más o menos éxito, con multitud de contratiempos debidos a esa falta de previsión en el pasado.

Algunas organizaciones aprenderán de esta crisis y desarrollarán resiliencia reactiva, saliendo fortalecidas de este período. Sin embargo, la resiliencia también puede favorecer una preparación de tipo más proactivo de cara a las dificultades, más potencial que responsiva, que tiene como principal objetivo anticipar, estructurar y minimizar el impacto de los acontecimientos estresantes que aparecen día a día; esto es la resiliencia proactiva. Este es a mi entender un punto muy importante, la idea de que la resiliencia se puede aprender, se puede entrenar mediante intervenciones psicológicas positivas que ya han mostrado su eficacia y evidencia empírica (Coo y Salanova, 2018; Coo et al., 2020; Peláez et al., 2019; Peláez et al., 2020). Ese aprendizaje de "recursos de resiliencia" antes, durante o después de la pandemia podría afectar a las organizaciones a su desaparición, supervivencia, adaptación o crecimiento post-traumático. Estos recursos de resiliencia son:

1. **Recursos psicológicos positivos:** capacidades y fortalezas de las personas que son significativos por si mismos y ayudan a superar el estrés y alcanzar el bienestar. Fortalecer en los trabajadores estos recursos de resiliencia a través de intervenciones psicológicas positivas, contribuirá de forma significativa a reducir el estrés y cultivar el bienestar y mejorar el desempeño. Entre los recursos con mayor incidencia en la resiliencia encontramos las emociones positivas (Fredrickson y Joiner, 2018; Meneghel et al., 2016), las creencias de eficacia (Salanova et al., 2020), el optimismo (Gallager, et al., 2019), la búsqueda de sentido y significado (Steger et

al., in press), y la innovación y flexibilidad (West et al., 2009).

2. **Relaciones sociales positivas**. Cultivar relaciones interpersonales positivas contribuyen al desarrollo, acumulación y acceso a otros recursos significativos que reducen el estrés reduciendo la incertidumbre (Carmeli et al., 2013). Las organizaciones deberían fomentar relaciones positivas entre sus empleados como una fortaleza para afrontar situaciones adversas, pero también como medio para fortalecer su desarrollo personal y profesional.

3. **Prácticas Organizacionales Saludables.** Entre los principales recursos laborales tanto grupales como organizacionales de la resiliencia de los equipos (Vera et al., 2017) encontramos por orden de importancia las prácticas organizacionales saludables (como las prácticas de conciliación, protocolos para la prevención del acoso psicológico, comunicación positiva, programas de salud, entre otros), el trabajo en equipo, la eficacia colectiva percibida y el liderazgo transformacional y positivo; líderes que inspiran a sus colaboradores, y les infunden coraje y valentía durante períodos de crisis.

Después de esta crisis, las organizaciones y los países deberían plantearse más en serio la necesidad de promoción de la salud entre sus empleados, cultivando recursos de resiliencia a ser posible "antes" de que ocurran las crisis, y no reaccionar cuando las tenemos delante. Eso podrá ofrecer más ventajas para su desarrollo a largo plazo y para el éxito organizacional positivo. En este sentido, la investigación debería continuar con la evaluación de la eficacia de intervenciones psicológicas positivas sobre recursos de resiliencia en las organizaciones utilizando diseños controlados y aleatorizados.

Nota:

El presente artículo fue publicado en el número monográfico: International Journal of Social Psychology (Revista de Psicología Social) en Moya, et al. (2020).

Referencias

Carmeli, A., Friedman, Y., y Tishler, A. (2013). Cultivating a resilient top management team: The importance of relational connections and strategic decision comprehensiveness. Safety Science, 51(1), 148-159. https://doi.org/10.1016/j.ssci.2012.06.002

Coo, C., Ortega, A., y Salanova, M. (2020). Developing Positive Psychological Resources: A diary study of a positive intervention program at work. Frontiers in Psychology, 11(275), 1-12. https://doi.org/10.3389/fpsyg.2020.00275

Coo, C., y Salanova, M. (2018). Mindfulness can make you happy-and-productive: A mindfulness controlled trial and its effects on happiness, work engagement and performance. Journal of Happiness Studies, 19(6), 1691–1711. https://doi.org/10.1007/s10902-017-9892-8

Fredrickson, B. L., y Joiner, T. (2018). Reflections on positive emotions and upward spirals. Perspectives on Psychological Science, 13(2), 194-199. https://doi.org/10.1177/1745691617692106

Gallagher, M.W., Long, L.J., Richardson, A. et al. (2019). Resilience and coping in cancer survivors: the unique effects of optimism and mastery.Cognitive Therapy and Research, 43, 32–44. https://doi.org/10.1007/s10608-018-9975-9

Meneghel, I., Salanova, S., y Martínez, I. M. (2016). Feeling good makes us stronger: How team resilience mediates the effect of positive emotions on team performance. Journal of Happiness Studies, 17(1), 239-255. https://doi.org/10.1007/s10902-014-9592-6

Peláez, M. J., Coo, C., y Salanova, M. (2019). Facilitating work engagement and performance through strengths-based micro-coaching: A controlled trial study. Journal of Happiness

Studies, first online, 1-20. https://doi.org/10.1007/s10902-019-00127-5

Peláez, M. J., Salanova, M., y Martínez, I. M. (2020). Coaching-based leadership intervention program: A controlled trial study. Frontiers in Psychology, 10(3066), 1-22. https://doi.org/10.3389/fpsyg.2019.03066

Salanova, M. (2008). Organizaciones saludables y desarrollo de recursos humanos. Revista de Trabajo y Seguridad Social, 303, 179-214.

Salanova, M. (2009). Organizaciones saludables, organizaciones resilientes. Gestión Práctica de Riesgos Laborales, 58, 18-23.

Salanova, M., Llorens, S., y Martínez, I. (2019). Organizaciones saludables: Una mirada desde la Psicología Positiva. Aranzadi, Thomson Reuters.

Salanova, M., Llorens, S., Cifre, E., y Martínez, I. M. (2012). We need a hero! Towards a validation of the HEalthy & Resilient Organization (HERO) Model. Group & Organization Management, 37(6), 785-822. https://doi.org/10.1177%2F1059601112470405

Salanova, M., Rodríguez, A., y Nielsen, K. (2020). The impact of group efficacy beliefs and transformational leadership on followers' self-efficacy: A multilevel-longitudinal study. Current Psychology, first online. https://doi.org/10.1007/s12144-020-00722-3

Steger, M. F., Littman-Ovadia, H., Miller, M., Menger, L., y Rothmann, S. (in press). Affective disposition, meaningful work, and work-engagement. Journal of Career Assessment.

Vera, M., Rodríguez-Sánchez, A., y Salanova, M. (2017). May the force be with you: Looking for resources that build team resilience? Journal of Workplace Behavioral Health, 32(2), 119-138. https://doi.org/10.1080/15555240.2017.1329629 94

West, B.J., Patera, J.L., y Carsten, M. K. (2009). Team level positivity: Investigating positive psychological capacities and team level outcomes. Journal of Organizational Behavior, 30 (2), 249-267. https://doi.org/10.1002/job.593

Desarrollo de los Recursos
Psicológicos Positivos

DR. LEONARDO MEDRANO

Introducción

Según la Organización Mundial de la Salud, la salud mental puede ser definida como un estado de bienestar que permite a los individuos realizar sus habilidades, afrontar el estrés normal de la vida, trabajar de manera productiva y fructífera, y hacer una contribución significativa a la comunidad (Castellano et al., 2013; p. 75). Esto significa que el bienestar es un pre-requisito para el trabajo. Dicho de otra manera, podemos afirmar que las personas que no poseen bienestar difícilmente puedan afrontar el estrés cotidiano, trabajar de forma fructífera, desarrollar su talento y, consecuentemente, contribuir al desarrollo de la comunidad.

Curiosamente, las personas suelen pensar que el bienestar constituye un factor "aleatorio", que depende principalmente de la "buena fortuna". O incluso, es común pensar que el bienestar es solo una consecuencia del ejercicio del talento, o de una vida sin estrés. Sin embargo, cada vez son más las evidencias científicas que contrastan dichos mitos. En primer lugar, el bienestar no depende solo de factores fortuitos. Tanto las organizaciones como los trabajadores deben desplegar acciones intencionadas con el objetivo de promover el bienestar. En segundo lugar, el bienestar no es solo una consecuencia, sino también constituye un requisito para lograr afrontar las demandas cotidianas y trabajar de forma productiva.

Las organizaciones saludables pueden ser entendidas como aquellas organizaciones que desarrollan "(1) prácticas saludables en la forma en que estructuran y gestionan sus procesos de trabajo, para promover: (2) empleados "saludables" y (3) "Outputs" o resultados saludables" (Salanova, 2008). En este marco se ha desarrollado un gran volumen de investigaciones tendientes a describir, explicar y predecir el funcionamiento óptimo en estos contextos, para optimizar y potenciar la calidad de vida laboral y organizacional.

Modelo de demandas y recursos

Según Medrano, Ortiz, Flores-Kanter, Domínguez-Lara y Gibelli (2018), la teoría de Demandas y Recursos (DR) constituye en la actualidad un paradigma de gran importancia para explica los procesos de motivación y salud ocupacional, demostrando ser un modelo efectivo para comprender, explicar y pronosticar el desarrollo del burnout, engagement laboral, rendimiento laboral, entre otros factores (Bakker & Demerouti, 2007).

Desde este modelo las demandas laborales son conceptualizadas como los aspectos físicos, psicológicos, organizacionales y sociales del puesto de trabajo que requieren de un esfuerzo sostenido y que conllevan costos fisiológicos y psicológicos. Cabe señalar que las demandas laborales no son negativas o positivas en sí mismas, sino que pueden suponer un obstáculo si requieren un esfuerzo prolongado o bien si la persona no cuenta con los recursos necesarios para afrontarla. Por su parte, los recursos laborales se refieren a los aspectos (físicos, psicológicos, organizacionales o sociales) que: a) reducen las exigencias del trabajo y los costos asociados, b) son necesarios para la consecución de objetivos; y c) estimulan el crecimiento personal. (Bakker & Demerouti, 2007; Bakker, Van Veldhoven, & Xanthopoulou, 2010).

La interacción entre las demandas y los recursos permite explicar los procesos de salud y motivación de los trabajadores. Debido a que las demandas laborales exigen esfuerzo y consumen los recursos energéticos de los trabajadores, constituyen los principales predictores del agotamiento y los problemas de salud psicosomáticos. Por otra parte, los recursos laborales permiten satisfacer las necesidades y aspiraciones de los trabajadores, favoreciendo así la satisfacción laboral, la motivación y el engagement (Bakker & Demerouti, 2013). Más allá de la contribución independiente de las demandas y recursos laborales sobre la salud y motivación de los trabajadores no debe caerse en una sobre-simplificación del modelo asumiendo a priori que los recursos son "positivos" y las demandas "negativas". Es indispensable considerar la interacción entre los mismos (Figura 1). Por ejemplo, Bakker et al. (2012) observaron que el disfrute por la tarea y el compromiso con la organización eran superiores cuando los empleados enfrentaban retos y tareas estimulantes, además de disponer de recursos para afrontarlas. Por el contrario, los trabajos con bajas demandas laborales pueden tornarse aburridos y consecuentemente disminuir el bienestar de los empleados (Medrano et al., 2018, p. 2).

Figura 1. Modelo de demandas y recursos

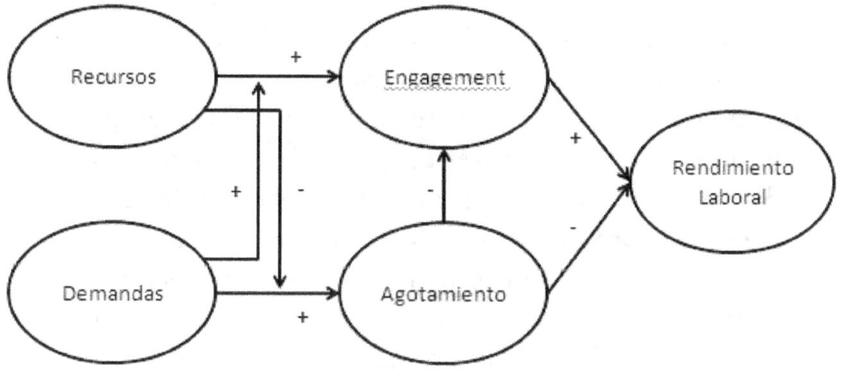

Fuente: Medrano et al, 2018, p. 3.

Si bien existen demandas y recursos que son específicos de cada puesto y tipo de trabajo, también existen demandas y recursos más generales presentes en cualquier trabajo" (Medrano et al., 2018). La gestión de esos recursos resulta de una importancia crítica para el desarrollo de una organización saludable.

Conviven diferentes clasificaciones y conceptualizaciones respecto a la cantidad y tipos de recursos laborales. Una de las primeras clasificaciones es la propuesta por Warr en (1990), quien propone un modelo de 9 recursos laborales conocido como el modelo vitamínico, el cual se restringe a las tareas del trabajador o a su entorno social inmediato. En una clasificación más integral Salanova (2020) propone considerar los siguientes recursos:

1. **Recursos Personales:** En particular se destacan recursos psicológicos positivos tales como emociones positivas (Fredrickson y Joiner, 2018; Meneghel et al., 2016), las creencias de eficacia (Salanova et al., 2020), el optimismo (Gallager, et al., 2019), la búsqueda de sentido y significado (Steger et al., in press), y la innovación y flexibilidad (West et al., 2009).

2. **Recursos del Equipo:**. Cultivar relaciones interpersonales positivas contribuyen al desarrollo, acumulación y acceso a otros recursos significativos que reducen el estrés reduciendo la incertidumbre (Carmeli et al., 2013). Las organizaciones deberían fomentar relaciones positivas entre sus empleados como una fortaleza para afrontar situaciones adversas, pero también como medio para fortalecer su desarrollo personal y profesional.

3. **Recursos Organizacionales:** Entre los principales recursos laborales tanto grupales como organizacionales de la resiliencia de los equipos (Vera et al., 2017) encontramos por orden de importancia las prácticas organizacionales saludables

En los capítulos siguientes se desarrollará en profundidad cada uno de estos recursos, brindando información y recomendaciones que permitan una mejor gestion del estrés y una promoción del bienestar emocional en la organización.

Referencias

Bakker, A. B., & Demerouti, E. (2013). La teoría de las demandas y los recursos laborales. *Revista de Psicología del Trabajo y de las Organizaciones, 29*(3), 107-115

Bakker, A. B., Emmerik, H. V., & Euwema, M. C. (2006). Crossover of burnout and engagement in work teams. *Work and occupations, 33*(4), 464-489

Carod-Artal, F. J., & Vázquez-Cabrera, C. (2013). Burnout syndrome in an international setting. In *Burnout for experts* (pp. 15-35). Springer, Boston, MA.

Castellano, E.; Cifré, E.; Spontón, C.; Medrano, L. y Maffei; L. (2013). Emociones Positivas y Negativas en la predicción del Burnout y Engagement en el Trabajo. *Revista Peruana de Psicología y Trabajo Social, 2*(1), pp. 75-88.

Cordes, C. L., & Dougherty, T. W. (1993). A review and an integration of research on job burnout. *Academy of management review, 18*(4), 621-656

Demerouti, E., Bakker, A. B., & Schaufeli, W. B. (2005). Spillover and crossover of exhaustion and life satisfaction among dual-earner parents. *Journal of Vocational Behavior, 67*(2), 266-289

Gil-Monte, P. R., García-Juesas, J. A., & Hernández, M. C. (2008). Influencia de la sobrecarga laboral y la autoeficacia sobre el síndrome de quemarse por el trabajo (burnout) en profesionales de enfermería. *Interamerican Journal of Psychology, 42*(1), 113-118

Grau, A., Flichtentrei, D., Suñer, R., Prats, M., & Braga, F. (2009). Influencia de factores personales, profesionales y transnacionales en el síndrome de burnout en personal sanitario hispanoamericano y español (2007). *Revista Española de Salud Pública, 83*, 215-230.

Green, D. E., Walkey, F. H., & Taylor, A. J. (1991). The three-factor structure of the Maslach Burnout Inventory: A multicultural, multinational confirmatory study. *Journal of Social Behavior and Personality, 6*(3), 453

Halbesleben, J. R., & Demerouti, E. (2005). The construct validity of an alternative measure of burnout: Investigating the English translation of the Oldenburg Burnout Inventory. *Work & Stress, 19*(3), 208-220

Informe Observatorio de Tendencias Sociales y Empresariales Siglo 21 (2017). Observatorio de Tendencias Sociales y Empresariales, Universidad Siglo 21. (Inédito).

Kristensen, T. S., Borritz, M., Villadsen, E., & Christensen, K. B. (2005). The Copenhagen Burnout Inventory: A new tool for the assessment of burnout. *Work & Stress, 19*(3), 192-207

Lapuente, L. Dominguez-Lara, S. Flores-Kanter, E. & Medrano, L. (2018). Estructura del bienestar subjetivo mediante análisis bifactor: ¿Unidimensional o multidimensional?. *Avaliação Psicológica, 17*(2), pp. 252-259. dx.doi.org/10.15689/ap.2018.1702.14521.11

Lee, R. T., & Ashforth, B. E. (1996). A meta-analytic examination of the correlates of the three dimensions of job burnout. *Journal of applied Psychology, 81*(2), 123

Leiter, M. P., & Maslach, C. (1997). *The truth about burnout: How organizations cause personal stress and what to do about it.* Boston: Wiley.

Maslach, C., Jackson, S. E., Leiter, M. P., Schaufeli, W. B., & Schwab, R. L. (1986). *Maslach burnout inventory* (Vol. 21, pp. 3463-3464). Palo Alto, CA: Consulting psychologists press

Maslach, C., Jackson, S. E., Leiter, M. P., Schaufeli, W. B., & Schwab, R. L. (1996). Maslach burnout inventory manual. Menlo Park. *CA: Mind Garden*, 191-218

Maslach, C., Schaufeli, W. B., & Leiter, M. P. (2001). Job burnout. *Annual review of psychology, 52*(1), 397-422.

Moriana, J. A., & Herruzo, J. (2005). Type A behavior pattern as a predictor of psychiatric sick-leaves of Spanish teachers. *Psychological reports, 96*(1), 77-82

Salanova, M. (2008). Organizaciones saludables: una aproximación desde la psicología positiva. *Psicología positiva aplicada,* 403-427.

Salanova, M., & Schaufeli, W. (2009). *El engagement en el trabajo: cuando el trabajo se convierte en pasión.* España: Alianza Editorial

Salanova, M., Bresó, E., & Schaufeli, W. B. (2005). Hacia un modelo espiral de las creencias de eficacia en el estudio del burnout y del engagement. *Ansiedad y estrés,* 11, 15-26

Salanova, M., Llorens, S., Cifre, E., & Martínez, I. M. (2012). We need a hero! Toward a validation of the healthy and resilient organization (HERO) model. *Group & Organization Management,* 37(6), 785-822

Salanova, M., Llorens, S., García-Renedo, M., Burriel, R., BresÓ, E., & Schaufeli, W. B. (2005). Towards a four-dimensional model of burnout: A multigroup factor-analytic study including depersonalization and cynicism. *Educational and Psychological Measurement,* 65(5), 807-819

Schaufeli, W. B., & Buunk, B. P. (2002). Burnout: An overview of 25 years of research and theorizing. MJ Schabracq, JAM Winnubst, CL Cooper (Eds.), Handbook of work and health psychology (pp. 383-425)

Schaufeli, W. B., & Taris, T. W. (2005). The conceptualization and measurement of burnout: Common ground and worlds apart. *Work & Stress,* 19(3), 256-262

Schaufeli, W. B., Bakker, A. B., & Van Rhenen, W. (2009). How changes in job demands and resources predict burnout, work engagement, and sickness absenteeism. *Journal of Organizational Behavior: The International Journal of Industrial, Occupational and Organizational Psychology and Behavior,* 30(7), 893-917

Schaufeli, W. B., Taris, T. W., & Van Rhenen, W. (2008). Workaholism, burnout, and work engagement: three of a kind or three different kinds of employee well–being?. *Applied psychology,* 57(2), 173-203

Spontón, C., Medrano, L., Castellano, E., Spontón, M. y Maffei, L. (2012a). Adaptación del Cuestionario de Autoeficacia Profesional (AU-10) a la población de Trabajadores Cordobeses. *Pensamiento Psicológico,* 10(1), pp. 51-62.

Spontón, C., Medrano, L., Maffei, L., Spontón, M. y Castellano, E. (2012b). Validación del Cuestionario de Engagement

UWES a la población de trabajadores de Córdoba, Argentina. *Liberabit*, 18 (2), pp. 147-154.

Tripiana, J., & Llorens, S. (2015). Fomentando empleados engaged: el rol del líder y de la autoeficacia. *anales de psicología*, 31(2), 636-644

Trógolo, M. A., Pereyra, A. P., & Sponton, C. (2013). Impacto de diferentes estilos de liderazgo sobre el engagement y burnout: Evidencia en una muestra de trabajadores argentinos. *Ciencia & trabajo*, 15(48), 152-157

Warr, P. (1990). The measurement of well–being and other aspects of mental health. *Journal of occupational Psychology*, 63(3), 193-210

Recursos Personales: el papel de los recursos psicológicos positivos.

Dr. Leonardo Medrano

En el presente capítulo se profundizarán sobre cinco recursos personales, fundamentalmente recursos psicológicos positivos, que han demostrado ser claves para gestionar el estrés y promover el bienestar emocional en las organizaciones. En cada caso se presenta una delimitación conceptual y teórica de cada recurso, para posteriormente presentar las investigaciones empíricas que sustenta la relevancia de dicho recurso. Por último, se presentan pautas y recomendaciones vinculados a su gestión dentro de la organización.

Recurso N° 1: Las Emociones positivas y negativas en el trabajo

La definición conceptual del afecto, así como la determinación de su estructura es un tema de continuo debate entre los investigadores. Mientras algunos autores proponen diferenciar el estado de ánimo, las emociones y el afecto, otros optan por utilizar estos términos como sinónimos (Izard, 2011). Si bien estas experiencias afectivas se encuentran muy emparentadas, existen ciertas características que permiten diferenciarlas. Las emociones, por ejemplo, se caracterizan por ser eventos más intensos, breves y generalmente asociados a eventos concretos e inmediatos. Además, las respuestas fisiológicas y motoras, sobre todo de las emociones negativas, se caracterizan por ser altamente organizadas y estructuradas. En contraste, el estado de ánimo posee una mayor duración y se encuentra más influenciado por procesos internos, y en menor medida por objetos o eventos concretos. Asimismo, se caracteriza por una activación menos intensa y más difusa que una emoción. Finalmente, el afecto sería la "molécula" de las experiencias emocionales, el factor en común entre las emociones y los estados anímicos. Sería el elemento irreductible, el núcleo central de los fenómenos emocionales. Es por ello por lo que los autores suelen hacer un uso más generalizado del concepto afecto, para referirse de manera global a experiencias emocionales semejantes, aunque con características propias.

La evidencia empírica sustenta la existencia de una fuerte correlación entre diferentes emociones, y sugiere que estas pueden ser reducidas a un menor número de dimensiones afectivas. En este punto, surge una nueva controversia, la definición de cuál sería la estructura de estas dimensiones afectivas. Uno de los primeros modelos fue propuesto por Bradburn (1969), según este autor el afecto podía ser descripto sobre la base de dos dimensiones unipolares independientes. De esta manera, las diferentes emociones se podrían agrupar en dos dimensiones afectivas. Por un lado, el afecto positivo y por otro el afecto negativo. Según este modelo, dichas dimensiones serían independientes entre sí, y no simplemente polos de una misma dimensión (Medrano, 2012). Ver figura 1.

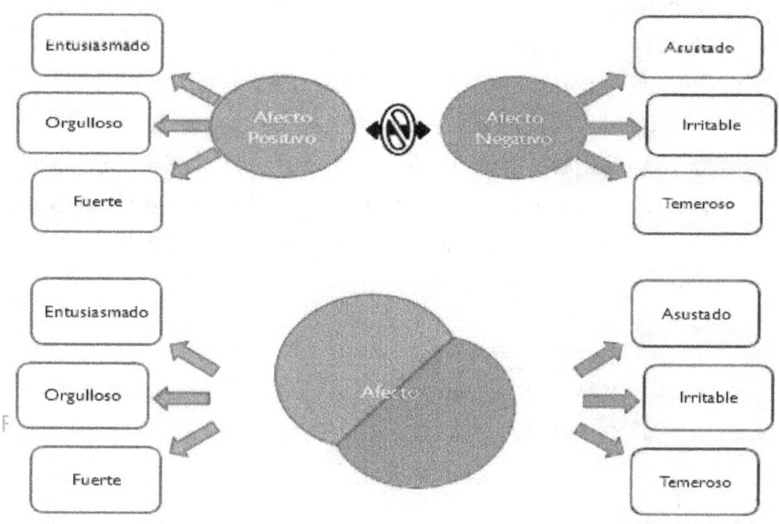

Fuente: elaboración propia.

Existe también un modelo teórico rival que conceptualiza al afecto sobre la base de un modelo dimensional bipolar. Según este modelo el afecto oscilaría entre un polo positivo y otro negativo [figura 1]. De esta forma cuanto más cercano se está de uno de los polos más alejado del otro. La evidencia empírica parece inclinarse a favor del modelo ortogonal, sugiriendo la existencia de dos dimensiones del afecto (Medrano, 2012)

Existen mayores evidencias a favor del modelo de dos dimensiones independientes, ya que se observan bajas correlaciones entre ítems de afecto positivo y afecto negativo. Sumado a ello, "las dos dimensiones del afecto correlacionan de manera diferente con otras variables" (Medrano, 2012), e incluso bajo ciertas circunstancias puede observarse una coactivación del afecto positivo y negativo.

Para volver aún más compleja la controversia, dentro del modelo bidimensional del afecto se aprecian diferentes propuestas. Por ejemplo, Watson y Tellegen (1985) proponen la existencia de dos dimensiones independientes de afecto positivo y negativo (**modelo ortogonal**; figura 2), mientras que Russell (1980) que: el afecto puede explicarse sobre la base de dos dimensiones: la valencia emocional y la activación (arousal). Según este modelo denominado "modelo circumplejo" [figura 3], habría emociones agradables de baja y alta activación (satisfecho y excitado, por ejemplo), y emociones desagradables de baja y alta activación (abatido y ansioso, por ejemplo). (Medrano, 2012, p.65).

Figura 2. Modelo ortogonal del afecto

Fuente: elaboración propia.

 Figura 3: Modelo circumplejo del afecto

Fuente: elaboración propia.

Tal como señalan Medrano (2012), otra propuesta ha sido el "Modelo Dinámico del Afecto" (Reich, Zautra y Davis, 2003), el cual intenta conciliar las explicaciones de los defensores del modelo unidimensional bipolar y del modelo bipolar unidimensional. Según este modelo en situaciones de elevado estrés el afecto positivo y negativo presentan una estructura unidimensional, mientras que en las situaciones de bajo estrés existiría una estructura bidimensional. La justificación este modelo dinámico proviene de la psicología evolucionista, y consiste en suponer que en condiciones de estrés constituye una ventaja evolutiva un procesamiento simple que acelere los procesos de decisión y actuación (procesamiento congruente con el modelo unidimensional). Este último modelo posee evidencias alentadoras, aunque tampoco se encuentra exento de críticas (Medrano, 2012,p.35).

Un último modelo propone la existencia de una estructura jerárquica del afecto (Watson, 2000), donde el afecto negativo estaría integrado por dos dimensiones: **disgustado** (involucra emociones como, **irritado** y **hostil**) y **temeroso** (**ansioso** y **preocupado**, por ejemplo). Este modelo denominado de tres factores (aunque en rigor se trata de dos factores de primer orden, uno de los cuales se descompone en dos dimensiones), resulta más coherente con los circuitos cerebrales de la emoción reportados en el campo de la neurociencia afectiva (Pinker, 2012).

El papel de las Emociones positivas y negativas en el bienestar

En el marco de estudio de las organizaciones saludables, se han desarrollado diferentes investigaciones tendientes a identificar factores que permitan promover empleados "positivos". Tal como mencionan Castellano y colaboradores (2013), los estudios efectuados se focalizan predominantemente en variables cognitivas, por lo que resultaría provechoso estudiar además la contribución de variables emocionales. En efecto, en los últimos años se han desarrollado una gran cantidad de estudios que permiten verificar el importante rol de los factores emocionales, y especialmente de las emociones positivas en la predicción de los niveles de bienestar de las personas. (Casullo, en Castellano et al., 2013, p.30)

Según Castellano y colaboradores (2013), la emoción negativa más examinada en el campo laboral ha sido la ansiedad, observándose que la relación de esta variable con el rendimiento varía en función de las características de la tarea. La ansiedad no solo modula la conducta, sino que también influye sobre la atención y percepción de estímulos. Aunque niveles moderados de arousal facilitan el foco de la atención y la exclusión de estímulos irrelevantes, más allá del punto óptimo genera una reducción de la percepción y aumenta la probabilidad de distracción (Mannino y Robaza, 2004). La importancia de las respuestas de ansiedad ha llevado al desarrollo de una gran cantidad de técnicas y estrategias destinadas a controlar de manera eficiente los niveles de activación del organismo. Sin embargo, las importantes contribuciones en este campo contrastan con el pobre desarrollo en el estudio de otras emociones, como, por ejemplo, el entusiasmo, la inspiración o el miedo. En efecto, existe una amplia variedad de emociones que configuran el espacio afectivo de las personas (p. 30).

Aunque no existe un acuerdo unánime respecto a la conceptualización de las emociones positivas, en general este constructo hace referencia a un conjunto de emociones tales como la alegría, la gratificación, el entusiasmo, la complacencia, entre otros, que, aunque son fenomenológicamente distintos comparten la propiedad de ampliar los repertorios de pensamiento y de acción de las personas, permitiendo aumentar los recursos físicos, psicológicos y sociales disponibles (Vecina Jiménez, 2006). Las emociones positivas cumplen una serie de funciones evolutivas que complementan a las funciones de las emociones negativas (Fredrickson, 2001). Mientras que las emociones negativas se ocupan de indicar los límites y peligros y favorecer nuestra supervivencia, por su parte las emociones positivas favorecen el crecimiento personal y la conexión social.

En un estudio meta-analítico desarrollado por Lyubomirsky, King y Diener (2005) se evaluó la evidencia disponible sobre la relación entre los niveles de felicidad (entendido como un estado emocional donde predominan las emociones positivas) y el éxito o rendimiento en diferentes dominios. Según estos autores, las emociones positivas llevan a las personas a pensar, sentir y actuar de una manera que promueve el desarrollo de sus recursos y la consecución de sus objetivos. La experiencia emocional positiva es considerada por las personas como un indicador de que sus metas se están cumpliendo, de que cuentan con recursos adecuados y de que su vida está "yendo bien" en términos generales. Al considerar que todo marcha satisfactoriamente las personas se proponen desarrollar comportamientos tendientes a ampliar sus recursos (por ejemplo, mediante conductas de exploración) o bien a restablecerlos (por ejemplo, mediante conductas de relajación). Más aún las personas que tienden a experimentar emociones positivas son propensas a aprovechar estos estados libres de peligros o pérdidas para buscar metas que aún no han alcanzado (p.30)

En el marco de la psicología laboral, la investigación empírica ha demostrado que las personas que experimentan emociones positivas en su trabajo presentan juicios de satisfacción más favorables y comunican mayor bienestar psicológico (Argyle, 1987). Sin embargo, también se postula que una actitud positiva extrema puede conllevar altas expectativas, las cuales resultan más difíciles de satisfacer, y con el tiempo se puede producir un rápido proceso de "desencanto" (Martínez, Cifre, Llorens y Salanova, 2002). (Castellano et al, 2013, p.30)

Se ha observado que las emociones positivas poseen un efecto favorable sobre los trabajadores. De esta manera Garrosa Hernández, Moreno, Boada y Blanco (2010) señalan que las emociones positivas tienen un efecto deseable sobre la actividad en la tarea, la persistencia y el funcionamiento cognitivo de los trabajadores. Asimismo, los trabajadores con emociones positivas se benefician más de las acciones de otros al verse influidos por ellos y muestran conductas más altruistas y de cooperación. Además de repercutir sobre su desempeño y comportamiento social, las emociones positivas conllevan un aumento en el bienestar laboral de los trabajadores y constituyen un predictor efectivo de los niveles de satisfacción con el trabajo y con la vida (Lent y Brown, 2008).

El inter-juego existente entre las emociones positivas y negativas observado a nivel evolutivo puede ser extrapolado al contexto organizacional para explicar la relación existente con el burnout y el engagement de los trabajadores. Tal como sugiere Fredrickson (2001) mientras que las emociones negativas se asocian a metas de evitación, las emociones positivas se asocian a metas de aproximación. De esta manera, los trabajadores que experimentan mayores niveles de emociones negativas en su puesto de trabajo generalmente tratan de eludir situaciones de riesgo o posible fracaso y simplemente aspiran a no obtener peor desempeño que sus compañeros. De manera complementaria los trabajadores con mayores emociones positivas buscan un mayor dominio de su trabajo y aspiran a la superación de su desempeño y el de sus compañeros. (p. 31)

Si bien en términos generales existe un acuerdo en considerar que el afecto positivo se asocia al engagement, se han desarrollado diferentes modelos para explicar dicha asociación. En una investigación reciente desarrollada por Salanova, Llorens y Schaufeli (2011), se observó que las emociones positivas poseen un efecto sobre los recursos positivos de las personas, tales como las creencias de autoeficacia y el engagement. Aparentemente el afecto positivo facilita conductas que promueven el engagement. Dichos autores observaron a partir de un estudio longitudinal de tres tiempos que las emociones positivas se asocian con el engagement. Más concretamente, que las emociones positivas de alta activación (entusiasmo) poseen un mayor efecto predictivo sobre el engagement que las emociones positivas de baja activación (satisfacción y confort). Según el modelo examinado las emociones de baja activación podrían ser consideradas como consecuencias del engagement más que como predictores del mismo. (Castellano et al., 2013, p.32),

En una investigación conjuntamente realizada entre investigadores argentinos y españoles (Castellano et al., 2013), se analizó el papel de las emociones positivas y negativas sobre el *burnout* y *engagement* de 405 trabajadores argentinos. Los resultados obtenidos se presentan en la figura 4.

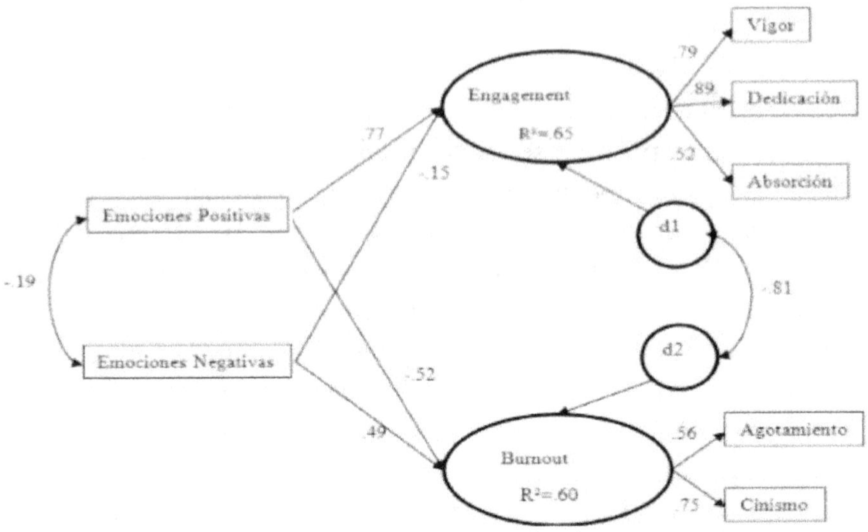

Fuente: elaboración propia en base a Castellano, Cifre, Spontón, Medrano y Maffei, 2013.

Los valores estadísticos de la figura 4 son coeficientes de regresión estandarizados. Su interpretación es bastante simple, dado que puede variar entre 0 y 1. Cuanto más cercano al 1, significa que el efecto es mayor, mientras que cuanto más se acerque al 0 significa que su efecto es menor. Por otra parte, cuando el valor es positivo (+) significa que la relación es directa (a medida que una variable aumenta la otra también lo hace), mientras que si el signo es negativo (-) significa que la relación es inversa (a medida que una variable aumenta la otra disminuye).

Tal como puede apreciarse, existe una relación directamente proporcional entre las emociones positivas y el *engagement*. Es decir, que a medida que un trabajador experimente mayores emociones positivas en su trabajo, mayores serán los niveles de *engagement*. Además, existe una relación inversa entre emociones positivas y *burnout*, lo cual significa que las emociones positivas disminuyen la probabilidad de experimentar *burnout*. Por otra parte, cabe señalar que las emociones negativas son un predictor del *burnout*, pero no del *engagement*. Esto significa que disminuir los niveles de emociones negativas en el trabajo puede contribuir a disminuir los niveles de *burnout*, pero eso no aumentará los niveles de *engagement*.

Este trabajo de investigación supone un avance teórico importante al mostrar que las emociones positivas presentan un mayor valor explicativo que las emociones negativas, tanto para el engagement como para el burnout de los trabajadores. Esto denota el importante papel que cumplen las emociones positivas, las cuales solo en la última década han sido consideras por la literatura científica (Isen, 2007). En otras palabras, circunscribirse exclusivamente en las emociones negativas que experimentan los trabajadores, tal como tradicionalmente lo ha hecho la psicología organizacional, implica un abordaje parcial, fragmentado y de pobre valor explicativo. Estos resultados van en consonancia con los desarrollos teóricos de Fredrickson (2009). Según la autora, las emociones positivas serían las responsables de ampliar y desarrollar los recursos de las personas, en consecuencia, es razonable suponer que las personas con mayores recursos experimentarán mayores niveles de engagement mientras que las personas con menores recursos experimentaran mayores niveles de burnout (Castellano et al., 2013, p.36)

Este hallazgo deriva en una importante implicancia práctica. Diseñar intervenciones para disminuir los niveles de emociones negativas probablemente permita disminuir los niveles de burnout, pero esto no permitirá aumentar la dedicación, el vigor y las experiencias de absorción de los trabajadores. Por el contrario, efectuar intervenciones para aumentar las emociones positivas no solo disminuirá considerablemente el burnout de los trabajadores, sino que aumentarán sus niveles de engagement. (Castellano et al., 2013, p.36)

Emociones positivas y motivación

La motivación y las emociones están estrechamente vinculados. Las vías de relación son tanto directas como indirectas. En primer lugar, existe una relación directa con la motivación, dado que al lograr un objetivo experimentamos un estado emocional placentero, mientras que sentimos ira o frustración si no conseguimos la recompensa que esperábamos. Básicamente tendemos a aproximarnos a objetos o situaciones que generen estados placenteros, mientras que tendemos a evitar o escapar de situaciones que generen emociones displacenteras. Esto ocurre en prácticamente todos los organismos, pero en los seres humanos ocurre además otro fenómeno. Nuestra capacidad para anticipar y predecir acontecimientos (agradables o desagradables) va a influir en la decisión de emprender o no una conducta concreta. Cuando anticipamos una recompensa nuestro cerebro libera **dopamina**, un neurotransmisor asociado al placer, que brinda la energía necesaria a nuestro organismo para que efectuemos las acciones para lograr una determinada meta. Como señala Sapolsky (2007) "la dopamina alimenta la conducta" (p. 75), sin ella no dispondremos de la energía para llevar a cabo los cursos de acción necesarios para el logro de un objetivo.

Existe otra vía de interacción entre emoción y motivación. Las emociones influyen indirectamente en nuestra motivación a través de su influencia sobre procesos cognitivos. La interrelación entre afecto y cognición tendría un sentido evolutivo, los procesos cognitivos superiores adquiridos más recientemente se encontrarían asentados sobre estructuras subcorticales más arcaicas fuertemente implicadas en los fenómenos afectivos. El estado emocional inmediato genera sesgos en nuestra memoria que predisponen a la elaboración de juicios cognitivos congruentes con el estado emocional. Por ejemplo, diversos estudios demuestran que las personas pueden sentirse más o menos confiadas en función de si se induce experimentalmente un estado emocional positivo o negativo. En una investigación desarrollada por Medrano, Muñoz-Navarro y Cano-Vindel (2016). se observó que un grupo de estudiantes disminuía sus niveles de confianza para rendir un examen luego de ver un documental sobre desnutrición. De la misma forma, se observa que los juicios de satisfacción suelen ser más bajos si se induce un estado emocional negativo, mientras que suelen ser más elevados si se induce un estado emocional positivo (utilizando, por ejemplo, estímulos musicales). En el siguiente módulo se desarrollará en profundidad el papel de los procesos cognitivos en la motivación.

Emociones positivas y salud

La idea de que las emociones positivas contribuyen a mejorar la salud de las personas ha sido ampliamente demostrada. Se ha observado, por ejemplo que las emociones positivas se asociaban con la longevidad tanto en población sana como en poblaciones con enfermedades médicas (HIV, enfermedades coronarias, personas trasplantadas y diabéticos, entre otros). Asimismo, estudios longitudinales concluyen que las personas con mayor bienestar emocional tenían menores probabilidades de enfermarse (sobre todo de problemas cardiovasculares menores) y mayores probabilidades de recuperarse con éxito de una enfermedad o padecimiento (fracturas, por ejemplo). Las personas con mayor bienestar emocional viven más años, tienen menores problemas de salud y menor riesgo de mortalidad, incluso controlando el efecto de variables intervinientes como el nivel socioeconómico o los estados emocionales negativos (Medrano et al., 2016).

Por otra parte, investigaciones centradas en las consecuencias fisiológicas de las emociones positivas corroboran el efecto beneficioso de esta variable sobre la salud. Se observa que las personas con menores emociones positivas presentan mayor presión sanguínea (lo cual se asocia con mayor riesgo cardiovascular), mientras que, en situaciones de estrés, las personas con mayores emociones positivas manifiestan menor presión sanguínea, menor cortisol y mayor velocidad en la recuperación cardiovascular (Diener y Chan, 2011). En su estudio meta-analítico, Chida y Steptoe (2008) señalan que los estados emocionales positivos influirían en factores de inflamación y coagulación de la sangre, factores involucrados en las enfermedades cardiovasculares.

Finalmente, resta hay que señalar que las emociones positivas también se asocian a un buen funcionamiento en el sistema inmune (Segerstrom y Sephton, 2010), concretamente se observa que incrementos en las emociones positivas predicen incrementos en las células mediadoras de inmunidad (Cell-Mediated Immunity, CMI).

Recurso N° 2: La Regulación emocional en el trabajo

Las emociones constituyen una reacción psicofisiológica ante situaciones relevantes desde un punto de vista adaptativo. Tanto las emociones positivas como negativas son indispensables para un adecuado funcionamiento psicosocial. Sin embargo, pueden afectar la salud y calidad de vida si se tornan excesivamente intensas, frecuentes, crónicas, o bien si ocurren de manera desajustada al contexto (Rodríguez, Linares, González y Oblitas, 2009). Es por ello que la forma en que una persona regula sus emociones constituye un factor clave para su bienestar y salud.

Este fenómeno de modulación de las emociones ha sido denominado como **regulación emocional** y es considerado como un proceso por el cual la persona puede moldear qué emoción experimentar y cómo expresarla. Se trata de un proceso que puede activarse automáticamente o de manera intencionada frente a un suceso o experiencia emocional con el fin de modular reacciones emocionales que no son adecuadas a la situación en donde se encuentra la persona (Hervás & Vázquez, 2006).

Aunque los procesos de regulación emocional desarrollados por el individuo apuntan a modificar la intensidad y valencia de un estado emocional, no todas las estrategias de regulación son igualmente eficaces. Según refieren Medrano, Muñoz-Navarro y Cano-Vindel (2016), las fallas en estos procesos de regulación emocional están involucrados en la aparición y mantenimiento de diferentes trastornos mentales y físicos. Se ha observado que tanto en adultos como en adolescentes un proceso de regulación emocional deficiente explica en parte el desarrollo de procesos psicopatológicos y dificultades emocionales (Garnefski, Kraaij y Spinhoven, 2001, p.32).

El déficit en la capacidad para regular el propio afecto puede alterar el funcionamiento social del individuo y contribuir a la manifestación de diferentes trastornos psicológicos. Diversos estudios sugieren que la desregulación emocional empobrece el funcionamiento social y calidad de vida, ya que reducen las emociones positivas y aumentan las negativas, lo que podría culminar en generar un cuadro de depresión.

A pesar de la gran cantidad de estudios, aún persisten fuertes controversias entorno al concepto de **regulación emocional**. Se observa poco consenso y muchas variaciones según el modelo de base que se adopte. Existen al menos tres modelos de regulación de las emociones que han recibido considerable atención en la literatura científica (Hervás y Vázquez, 2006): el modelo de Larsen, el modelo Homeostático de Forgas y el modelo de regulación emocional de Gross.

En cuanto **modelo cibernético de Larsen**, hace referencia a la activación de procesos, tanto externos como internos, por parte del sujeto cuyo objetivo es modificar su estado de ánimo para disminuir la discrepancia entre el estado de ánimo actual y al cual desea llegar. Cabe destacar que este modelo se centra en procesos controlados para la autorregulación.

El **modelo homeostático de Forgas** es similar al de Larsen, ya que plantea que el estado de ánimo funciona a partir de un proceso homeostático en el cual los mecanismos se activan cuando el estado de ánimo se aleja significativamente de un valor específico. Sin embargo, la diferencia de los modelos radica en que Forgas propone que estos procesos que regulan el estado de ánimo son espontáneos.

El **modelo de regulación emocional de Gross** explica la estrategia de regulación emocional en función del momento en el que toma lugar el proceso de generación de la emoción. Para comprender este modelo es necesario aclarar que este autor plantea la existencia de un **proceso emocional**. Este proceso (figura 5) se inicia a partir de un estímulo externo o interno (mi jefe me mira de forma extraña, por ejemplo), en segundo lugar la persona presta atención a dicho estímulo y lo valora cognitivamente (interpretar que su jefe está disconforme, por ejemplo) y finalmente, se desencadena una respuesta emocional que involucra cambios fisiológicos (frecuencia cardíaca y respiratorio, por ejemplo), subjetivos/cognitivos (sensación de malestar y pensamientos negativos, por ejemplo) y conductuales (expresión verbal de enojo, por ejemplo).

Figura 5. El proceso emocional según Gross

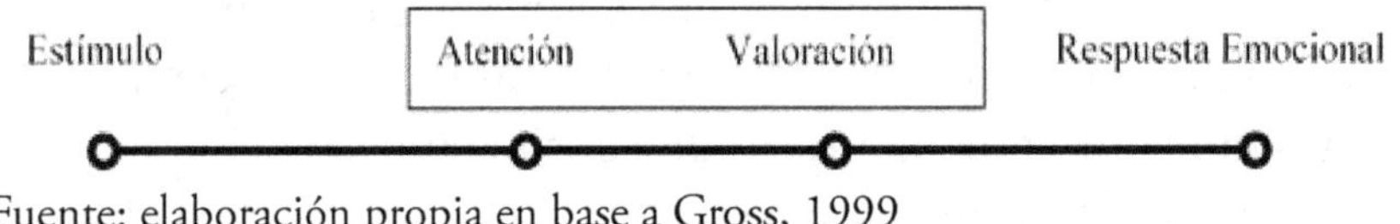

Fuente: elaboración propia en base a Gross, 1999

A partir de este modelo, las estrategias de regulación emocional se dividen en dos. La primera, centrada en los antecedentes, el cual ocurre antes de que cualquier emoción sea generada y decrece tanto la experiencia como la expresión; y la segunda, basada en la respuesta emocional, que toma lugar antes que la emoción sea generada dando a lugar la supresión emocional del comportamiento, lo que puede producir pequeños o ningún cambio en la experiencia emocional y además incrementa la activación del sistema nervioso simpático (Gross, 1999).

Este último modelo ha sido el más citado a modo de explicación de los procesos de regulación emocional y, por lo tanto, considerado como primordial para ese fin, ya que, según Koole (2009) ha sido el modelo que mayores contribuciones ha proporcionado al entendimiento de la regulación emocional, en tanto que identifica los sistemas de respuesta clave que hay que tener en cuenta en este proceso; describe las diferentes estrategias de regulación emocional que se pueden llevar a cabo; provee una explicación de porqué algunas estrategias son más efectivas que otras según la emoción en cuestión y; por último, reporta que las estrategias de regulación emocional son más efectivas y con menos esfuerzo cuando se realizan antes que después del proceso generacional de la emoción.

El modelo de Gross (1999) da cuenta de cinco procesos de regulación emocional: **la selección situacional, la modificación de la situación, el despliegue atencional, el cambio cognitivo y la modulación de respuesta**. En primer lugar, la selección situacional hace referencia a que el individuo puede elegir acercarse como evitar ciertos objetos, lugares o personas para poder influenciar en sus propias emociones. En segundo lugar, la modificación de la situación hace alusión a los esfuerzos que realiza la persona para modificar directamente una situación y alterar su impacto emocional. El despliegue atencional implica focalizarse sobre ciertos aspectos de una situación y dejar de lado otros, para fomentar algunas emociones en detrimento de otras. Ejemplos de este tipo de estrategias son la rumiación (focalizar la atención sobre sentimientos y sus consecuencias) y la distracción (focalizar la atención en aspectos no emocionales). Los procesos de cambio cognitivo refieren a cómo la persona elije interpretar el significado de un evento aminorando o aumentando el impacto de este sobre la experiencia subjetiva. Estos últimos cuatro procesos responden a la regulación emocional focalizada en los antecedentes, mientras que la modulación de la respuesta se incluye en la regulación emocional focalizada en la respuesta. La modulación de la respuesta ocurre cuando el proceso de generación emocional ya ha sido iniciado y refiere a la influencia en las respuestas fisiológicas, subjetivas y conductuales de la emoción.

Aunque este modelo resulta interesante, presenta algunas dificultades. Sobre todo, al momento de explicar por qué se desencadenan fallas en el proceso de regulación emocional. Por ejemplo, ¿por qué las personas tienden a prestar más atención a los estímulos negativos? ¿Por qué solemos interpretar de manera negativa estímulos que quizás no lo son? ¿Por qué pensamos cosas negativas que ya pasaron a pesar de que eso mantiene un estado emocional negativo? Seguramente las personas no realizan estas acciones de forma voluntaria. A partir de estos interrogantes Medrano, Muñoz-Navarro y Cano-Vindel (2016) plantearon un modelo para comprender la regulación cognitiva de las emociones.

Regulación cognitiva de las emociones

Aunque existen muchas maneras de regular una emoción se ha observado que los procesos cognitivos implicados durante un episodio emocional poseen un papel clave (Medrano et al., 2016). En efecto, la manera en que atendemos e interpretamos estímulos determina en gran medida nuestra experiencia emocional.

La teoría de la psicología evolucionista (evo-psi de ahora en adelante) sugiere que la selección natural no solo "ha generado cambios morfológicos en los seres humanos, como por ejemplo en sus manos u ojos, sino que también ha dado forma a su cerebro y comportamiento" (Medrano, Muñoz-Navarro y Cano-Vindel, 2016, p.23). De esta manera, la psicología evolucionista "intenta comprender cómo evolucionó la mente a través de la selección natural y cómo esta evolución afecta a nuestro comportamiento moderno" (Medrano, Muñoz-Navarro y Cano-Vindel, 2016, p.23).

Desde la evo-psi se plantea que todos los organismos vivientes, incluidos los seres humanos, evolucionaron a partir de la adopción de comportamientos que favorecían su supervivencia. Es decir, los diferentes organismos lograron sobrevivir gracias al desarrollo de diferentes respuestas que suponían "ventajas evolutivas". Los humanos "antiguos" (nuestros antepasados) no se mantuvieron ajenos a este proceso, y los seres humanos modernos hemos heredado mecanismos cerebrales preparados para responder de forma adaptativa a las demandas que debieron afrontar nuestros antepasados (Medrano, Muñoz-Navarro y Cano-Vindel, 2016, p.27).

Para Medrano, Muñoz-Navarro y Cano-Vindel, (2016), la aproximación evo-psi nos brindaría elementos para explicar el funcionamiento de los procesos cognitivos implicados en la regulación de las emociones. Desde este modelo se plantea que existen ciertos procesos cognitivos que en algún momento constituyeron una ventaja evolutiva y favorecieron la supervivencia de la especie. Por ejemplo, la rumiación (tendencia a perseverar en pensamientos negativos y preocupaciones excesivas) y la magnificación o catastrofización (tendencia a exagerar o ampliar las consecuencias negativas de un evento) son tipos de cogniciones que en la actualidad no favorecen nuestra estabilidad emocional pero que, en algún momento constituyeron una ventaja evolutiva para nuestra especie. Así pues, como ejemplo, la tendencia a pensar de manera excesiva, repetitiva, en eventos negativos o de percibir consecuencias negativas graves probablemente favoreció a nuestros antepasados en la detección de amenazas y a reaccionar en consecuencia, aumentando la seguridad y las posibilidades de supervivencia.

Desde la evo-psi se plantea que los seres humanos hemos desarrollado a lo largo de nuestra historia evolutiva diferentes sistemas para detectar amenazas y reaccionar en consecuencia, aumentando las probabilidades de seguridad y supervivencia del organismo. De esta manera, existirían una serie de patrones cognitivos primitivos y arcaicos que se activarían cada vez que una persona detecta la existencia de una amenaza. Estos procesos cognitivos, al ser evolutivamente antiguos, se encontrarían asentados sobre estructuras subcorticales del cerebro, lo cual genera que sean automáticos, simples, rápidos, motivacionalmente intensos y en gran medida fuera del control voluntario (LeDoux, 2012). En contraposición, a medida que la especie humana fue evolucionando adquirió la capacidad de desplegar cogniciones más complejas, racionales y controladas. Estas funciones cognitivas se asentarían sobre los tejidos corticales, los cuales son más recientes en términos evolutivos, complejos, lentos y difusos en términos motivacionales. (p.28).

De manera semejante a como lo plantean Clore y Ortony (2000), el modelo cognitivo de RE sugiere que existirían al menos dos sistemas de procesamiento de información relacionados con la amenaza y la seguridad. Un primer sistema denominado "automático", se caracterizaría por ser automático, preconsciente, consumir escasos recursos atencionales, ser rápido y difícil de regular. La existencia de este sistema se debe a que en algún momento resultó una ventaja evolutiva para la especie, y continúa siéndolo en situaciones de amenaza o peligro real. De esta manera, procesos cognitivos tales como la catastrofización y la rumiación permiten maximizar la seguridad y evitar o manejar toda situación que presente una amenaza inmediata. Sin embargo, contribuyen a aumentar y mantener las respuestas de ansiedad o alerta del organismo. (Medrano, Muñoz-Navarro y Cano-Vindel, 2016, p. 28).

Un segundo sistema de procesamiento denominado "elaborativo" se caracteriza por ser voluntario, totalmente consciente, consumir altos recursos atencionales y ser lento. Este sistema implica el manejo y la elaboración consciente de la información, permite realizar un procesamiento más racional y complejo de la misma, facilitando interpretaciones más realistas y contribuyendo a disminuir la intensidad de las respuestas de ansiedad. Dentro de los procesos cognitivos elaborativos se encontrarían la reinterpretación cognitiva, la focalización en los planes y la aceptación emocional, entre otros. Así, el aceptar que el acontecimiento ha ocurrido, encontrar un significado positivo al evento negativo o tener pensamientos referidos a cómo puede volver a planificarse la acción que desencadenó el evento negativo, facilitarían una disminución de la respuesta de ansiedad y aumentarían las probabilidades de llevar a cabo comportamientos más adaptativos que promuevan el bienestar psicológico y el crecimiento personal.

(Medrano, Muñoz-Navarro y Cano-Vindel, 2016, p.28)

La disposición de dichos sistemas en nuestro cerebro provoca que los procesos cognitivos automáticos sean más rápidos, intensos y difíciles de regular dado que se ubican a un nivel subcortical. Los fallos en la regulación cognitiva de las emociones se explicarían sobre la base de este hecho, es decir, que al ser procesos difíciles de regular muchas personas pueden experimentar fuertes obstáculos para lograr un procesamiento cognitivo más elaborado y en consecuencia sucumbir a procesos automáticos tales como la rumiación y la catastrofización, los cuales aumentarían las respuestas de ansiedad y la probabilidad de desarrollar trastornos de ansiedad. (Medrano, Muñoz-Navarro y Cano-Vindel, 2016, p.28).

Tabla 1. Procesos cognitivos implicados en la regulación emocional

Procesos cognitivos automáticos	Procesos cognitivos elaborativos
Automático	Voluntario
Preconsciente	Consciente
Consume escasos recursos atencionales	Consume altos recursos atencionales
Rápido	Lento
Difícil de regular	Flexible
Simples en términos cognitivos	Mayor complejidad en términos cognitivos
Arcaico en términos evolutivos	Reciente en términos evolutivos
Asentado en estructuras subcorticales	Asentado en estructuras corticales

Fuente: elaboración propia.

De esta forma, para Medrano, Muñoz-Navarro y Cano-Vindel (2016), a lo largo de nuestra historia evolutiva hemos desarrollado procesos cognitivos que nos permiten detectar amenazas y reaccionar en consecuencia, aumentando así las probabilidades de seguridad y supervivencia del organismo. Procesos como la catastrofización y la rumiación serían antiguos en términos evolutivos, y por ello involucrarían fundamentalmente estructuras subcorticales del cerebro, mientras que los procesos elaborativos más complejos se asentarían sobre estructuras más modernas que involucran fundamentalmente la neo-corteza (LeDoux, 2012). Esta disposición en el cerebro explicaría por qué algunos procesos cognitivos disfuncionales para la regulación de emociones se activan de manera automática, y porqué resulta difícil desactivarlos. Básicamente, se debería a que al involucrar estructuras subcorticales se encontrarían en gran medida fuera del control voluntario (Medrano, Muñoz-Navarro y Cano-Vindel, 2016, p.28)

De esta manera, a partir de este modelo se explicaría con mayor claridad las fallas en los procesos de regulación emocional. Básicamente, existirían patrones cognitivos automáticos difíciles de inhibir que contribuirían a aumentar la frecuencia e intensidad de un estado emocional negativo. Ahora bien, ¿el uso de estas estrategias de regulación emocional tendrá algún impacto en el entorno laboral?

Regulación cognitiva de las emociones en el trabajo

En el modelo anteriormente expuesto se planteó que existen estrategias cognitivas que se despliegan automáticamente frente a un evento negativo que pueden llevar a que un estado emocional displacentero se intensifique o se mantenga en el tiempo. Al mismo tiempo, se plantea que en otra región de nuestro cerebro podemos llevar a cabo procesos de pensamiento voluntarios que pueden llevar a regular el estado emocional displacentero de una manera más funcional y acorde a las demandas de la situación. En la tabla 2 se exponen algunos ejemplos de dichas estrategias.

Tabla 2. Ejemplos de procesos cognitivos automáticos y elaborativos implicados en la regulación emocional

Procesos cognitivos automáticos	Procesos cognitivos elaborativos
Catastrofización, incluye pensamientos que magnifican lo negativo.	Poner en perspectiva, refiere a pensamientos que minimizan la gravedad de la situación enfatizando la relatividad de lo ocurrido cuando se lo compara a otros eventos.
Rumiación, refiere a tener pensamientos reiterativos sobre las emociones negativas e ideas asociadas al evento estresante.	Reinterpretación positiva, brindar una interpretación alternativa buscando una connotación positiva o un significado en términos de crecimiento personal.
Autoculparse, refiere a pensamientos en donde la persona se echa la culpa por lo vivenciado.	Refocalización en los planes, refiere a pensar sobre cómo manejar o qué pasos seguir para resolver la situación problemática.

Fuente: elaboración propia.

Recientemente, se analizó si el uso de estrategias cognitivas automáticas de regulación emocional se asocia a mayores emociones negativas (y en consecuencias mayor *burnout* y menor *engagement*) y si el uso de estrategias elaborativas de regulación emocional se asocia a mayores emociones positivas (y consecuentemente, mayor *engagement* y menor *burnout*).

Los resultados obtenidos (figura 6) corroboran las hipótesis planteadas. Concretamente, se observa que el uso de estrategias automáticas de regulación emocional (como la catastrofización), se asocian a mayores emociones negativas y *burnout*. Por su parte, el uso de estrategias elaborativas predice mayores niveles de emociones positivas y *engagement*. Sumado a ello, las emociones positivas disminuyen los niveles de *burnout*, mientras que una disminución en las emociones negativas no aumenta los niveles de *engagement*. Nuevamente se corrobora que la promoción de emociones positivas en el trabajo no solo aumenta el *engagement*, sino que protege a los trabajadores del estrés crónico.

Figura 6. Regulación cognitiva de las emociones en el trabajo

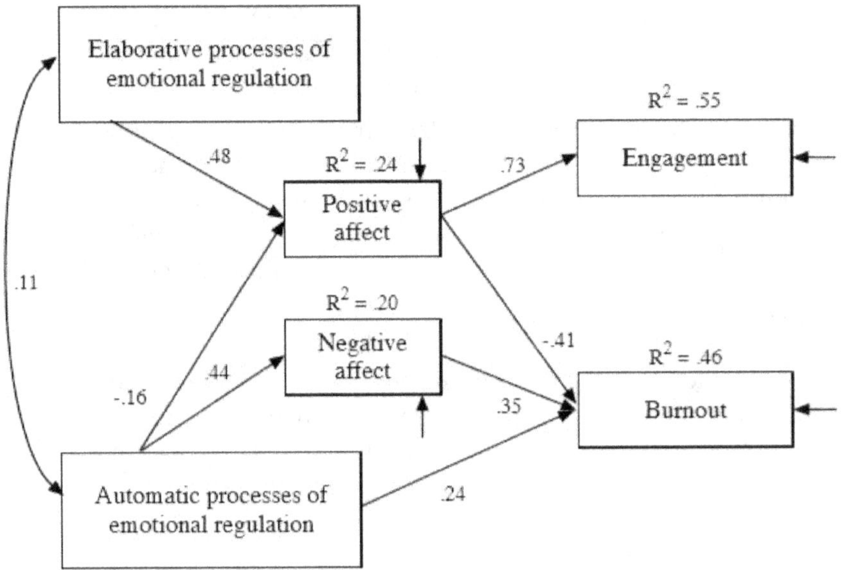

Fuente: elaboración propia en base a Castellano, Muñoz-Navarro, Toledo, Spontón y Medrano, 2019.

Regulación conductual de las emociones

Como se mencionó con anterioridad, la regulación de emociones no se circunscribe solamente a procesos cognitivos (la forma en que pensamos). Las personas también podemos llevar a cabo conductas (acciones) para regular un estado emocional. Algunas de ellas pueden resultar estrategias funcionales ya que permiten regular un estado emocional que interfiere con el logro de una meta (modificar la situación), otras, en cambio, pueden resultar disfuncionales ya que, si bien pueden disminuir el malestar de forma transitoria, pueden llevar a mantener el problema a largo plazo (por ejemplo, la distracción). No obstante, la funcionalidad o no de una estrategia dependerá fundamentalmente del contexto.

A continuación, se exponen algunas estrategias conductuales que habitualmente se utilizan para regular emociones displacenteras:

- Modificación de la situación: involucra comportamientos orientados a modificar activamente la situación que genera una emoción negativa (por ejemplo, cuando surge un problema que me preocupa lo afronto inmediatamente).
- Inhibición/supresión: implica contener la expresión de una emoción negativa (por ejemplo, cuando discuto o me enojo con un compañero, me contengo y no manifiesto lo que pienso).
- Descarga/ventilación: esta categoría comprende diferentes acciones realizadas para eliminar o descargar la tensión fisiológica asociada a una emoción negativa (hacer actividad física un día de mucha sobrecarga o tensión, por ejemplo)
- Distracción conductual: esta estrategia implica cambiar el foco de atención mediante el desarrollo de actividades constructivas o placenteras (leer algo o mirar una película para desestresarme, por ejemplo).

Las estrategias conductuales de regulación emocional no solo se limitan a regular estados emocionales displacenteros, también se pueden desarrollar acciones para aumentar emociones positivas. Algunas de las estrategias más habituales son:

- Autorreforzamiento positivo: involucra comportamientos que implican recompensarse a uno mismo (por ejemplo, cuando algo me sale bien en el trabajo, me voy de *shopping*).
- Celebración o capitalización: compartir o celebrar experiencias positivas con otras personas (por ejemplo, llamo a mi marido y le cuento que me fue bien o salgo a festejar cuando algo sale realmente bien en mi trabajo).
- Diversión-gratificación: realizar actividades que resultan divertidas o gratificantes (por ejemplo, trato de hacer cosas divertidas cuando salgo del trabajo).

Saboreo: implica apreciar, atender y disfrutar de las experiencias positivas presentes (por ejemplo, me tomo el tiempo para disfrutar y apreciar un logro o tomar conciencia de todo lo que hemos logrado como equipo).

Recurso N° 3: Las creencias de Autoeficacia

En términos generales las creencias de autoeficacia pueden ser entendidas como las creencias que las personas poseen en sus propias capacidades para organizar y ejecutar las acciones necesarias para producir exitosamente determinados logros (Bandura, 1997). De acuerdo con la TSC las creencias de autoeficacia se conforman principalmente sobre la base de cuatro fuentes (Medrano y Flores Kanter, 2017, p.26).

Tal como señala Maffei et al. (2012a), la fuente de mayor importancia son las experiencias de ejecución previa, de esta manera las personas tienden a sentirse más capaces cuando cuentan con experiencias previas de éxito. La segunda fuente de mayor impacto es la experiencia vicaria, en efecto la observación de personas semejantes ejecutando exitosamente una tarea tiende a incrementar los juicios de autoeficacia. La persuasión social, es decir las críticas y evaluaciones de los demás, también influyen sobre la autoeficacia aunque en menor medida que las fuentes anteriormente mencionadas (Maffei et al., 2012, p.6). Finalmente, el afecto positivo "pueden afectar las creencias que poseemos acerca de nuestras propias competencias" (Medrano y Flores Kanter, 2017, p.26).

La importancia de los juicios de autoeficacia se debe a que influyen en el comportamiento humano a través de múltiples vías. Estas creencias afectan la elección y el desarrollo de nuevas actividades, ya que las personas tienden a evitar actividades que creen que exceden sus capacidades y realizar aquellas que consideran capaces de dominar. Por otra parte, las creencias de autoeficacia determinan el esfuerzo y la persistencia para la realización de tareas, sobre todo en situaciones adversas. Asimismo, intervienen en la conformación de los patrones de pensamientos de las personas y consecuentemente en sus sentimientos. Por último, influyen en la organización de los recursos para la realización exitosa de tareas y determinan, de este modo, el rendimiento de las personas (Bandura, 1987).

Según Lent (2004), las creencias de autoeficacia se relacionan positivamente con las expectativas de resultados, ya que las personas que se sienten capaces de lograr determinados resultados anticiparán escenarios exitosos, mientras que personas con débiles creencias de eficacia personal visualizarán resultados negativos. Asimismo, los trabajadores que se perciben más competentes muestran un mayor involucramiento y persistencia en las actividades, consecuentemente es más probable que alcancen sus metas y perciban un progreso en el logro de estas. Por el contrario, trabajadores con débiles creencias de eficacia tienden a evitar actividades o invertir poco esfuerzo, y es menos probable que puedan percibir un progreso en las metas que se plantean.

Tal como señala Maffei et al. (2012), se ha observado que las creencias de autoeficacia profesional determinan la cantidad de intentos y el tiempo que invierten los trabajadores para resolver obstáculos (Salanova, Bresó y Schaufeli, 2005). Sumado a ello, las creencias de autoeficacia afectan las percepciones de control que las personas poseen sobre los elementos del entorno, moderando los efectos de estresores tales como la sobrecarga de horas de trabajo, la rutina o la presión temporal (Salanova, Grau y Martínez, 2005). De esta manera, bajos niveles de autoeficacia pueden verse asociados a elevados niveles de burnout, depresión y ansiedad. Por el contrario, elevadas creencias de autoeficacia profesional favorecen la dedicación y satisfacción de los trabajadores (Salanova, Schaufeli, Llorens, Grau y Peiró, 2000). (p. 6)

En esta línea, Salanova y Schaufeli (en Maffei y colaboradores, 2012) señalan que las creencias de autoeficacia presentaban un rol mediador entre el burnout y el engagement, así como una relación directa y positiva con el engagement e inversamente proporcional con el síndrome de burnout. De esta manera, las creencias de autoeficacia actúan frente a los estresores disminuyendo o aumentando el malestar psicológico que estos pueden generar y potenciando el bienestar psicológico general y el engagement con la organización en particular, dando lugar así a un espiral de salud descendente o ascendente según sea el caso (Salanova, Grau, Cifre y Llorens, 2000; Salanova y Schaufeli, 2004). (p. 6)

En una investigación conjunta realizada entre investigadores españoles y argentinos (Spontón, Castellano, Salanova, Llorens, Maffei y Medrano, 2018), se puso a prueba un modelo (figura 1) donde las creencias de autoeficacia predecían los niveles de *burnout* y *engagement* en una muestra de trabajadores argentinos y españoles.

Los resultados obtenidos corroboraron las hipótesis planteadas, ya que se observó que los trabajadores que presentaban menores niveles de autoeficacia (es decir, menor confianza en sus propias capacidades para afrontar tareas laborales), manifestaban mayores síntomas de estrés crónico (agotamiento y cinismo, por ejemplo), y menores niveles de *engagement*. Por otra parte, los trabajadores con creencias más elevadas de autoeficacia mostraban mayores niveles de *engagement* y menor *burnout*.

Figura 1. Autoeficacia, *burnuot* y *engagment*

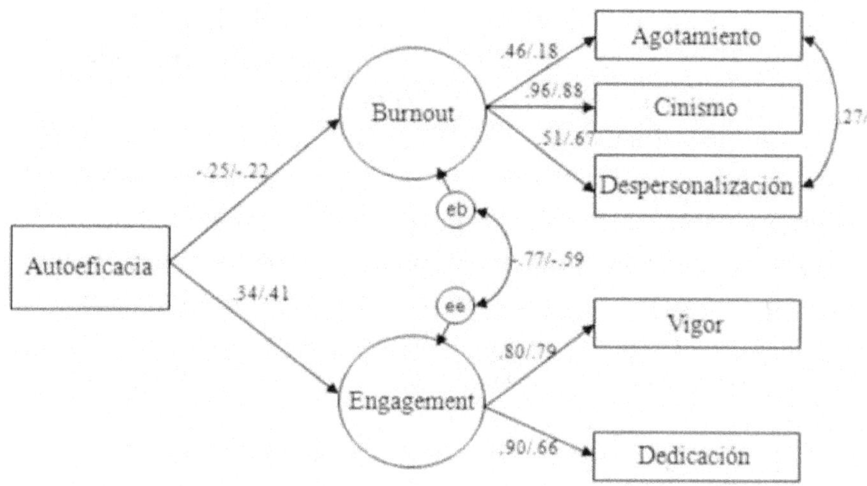

Fuente: elaboración propia en base a Spontón, Castellano, Salanova, Llorens, Maffei y Medrano, 2018.

Los resultados son coherentes con los obtenidos en investigaciones previas (Alessandri et al., 2015; Llorens, García & Salanova, 2005; Lorente et al., 2014) corroborando que las creencias de autoeficacia constituyen un factor crítico para el desarrollo del burnout y el engagement de los trabajadores. Tal como plantea Salanova, Breso y Schaufeli (2005) existiría un "modelo espiral" que permitiría explicar la interacción entre estos constructos. Según este modelo, las creencias de eficacia contribuyen a generar un estado mental positivo vinculado al trabajo (engagement), [el cual] aumenta la probabilidad de desarrollar experiencias de éxito, las cuales contribuyen a aumentar los niveles de autoeficacia, generándose un 'espiral virtuoso'. (Spontón et al., 2018, p. 8)

Otro aspecto a considerar es que la autoeficacia podría actuar como variable mediadora entre el engagement y el rendimiento laboral. En una revisión de 91 estudios Christian et al. (2012) se confirma que los trabajadores con mayor engagement poseen mayor rendimiento en sus tareas que quienes presentan menor *engagement*. Sin embargo, aún perduran controversias respecto a mecanismo subyacente en dicha asociación (Reijseger, Peeters, Taris y Schaufeli, 2016). Los resultados obtenidos en el presente trabajo sustentan la necesidad de contemplar las creencias de autoeficacia como un factor de peso en la explicación de este mecanismo. De esta manera, las creencias de eficacia permiten que el trabajador sienta que puede lograr los resultados deseados a través de sus propias acciones, lo cual constituye un incentivo para actuar y persistir en sus tareas, generando un estado en engagement con el trabajo (Salanova, Llorens y Schaufeli, 2011). Dicho estado (caracterizado por una mayor dedicación, absorción y persistencia en el trabajo), reforzaría las creencias de autoeficacia a lo largo del tiempo (Llorens, Schaufeli, Bakker y Salanova, 2007), y conjuntamente, mejorarían el rendimiento laboral. (Spontón et al., 2018, p.10)

Según Spontón y colaboradores (2018), la relación positiva entre la autoeficacia y el engagement se mantiene invariante entre los países. Los trabajadores argentinos mostraron puntuaciones más altas en autoeficacia profesional y dedicación. Probablemente las diferencias observadas pueden atribuirse a características propias del mercado laboral argentino. En Argentina persisten altos niveles de informalidad laboral (incluso durante períodos de crecimiento económico) lo cual ha llevado a proponer la hipótesis de un mercado laboral dual o segmentado. La brecha salarial, la estabilidad laboral, la ausencia de reglamentaciones laborales o sindicatos llevan a que los trabajadores del sector formal valoren más positivamente su situación laboral que quienes pertenecen al sector informal. En el presente estudio se accedió a muestras de trabajadores que se desempeñaban de manera formal. Probablemente los trabajadores argentinos del sector formal realicen una comparación social con quienes pertenecen al sector informal, llevando a que valoren más positivamente su situación laboral.

La teoría de la comparación social señala que, a partir de la comparación con otros, las personas efectúan juicios sobre sus capacidades, habilidades o rasgos de personalidad. Tal como señala esta teoría, las personas efectúan comparaciones a partir de información que obtienen a través de diferentes vías, por ejemplo, interactuando directamente o a través de medios de comunicación. Es probable que el nivel de orgullo o dedicación de un trabajador del sector formal sea mayor si se compara con la amplia cantidad de trabajadores argentinos que se encuentran en el sector informal. Asimismo, es probable que se sientan más capaces al compararse con trabajadores que no logran ingresar al sector formal. Por tanto, la existencia de una comparación social ventajosa puede llevar a que la dedicación y autoeficacia de los trabajadores argentinos sea superior. Se requiere de nuevas investigaciones para examinar la plausibilidad de esta interpretación (Spontón et al., 2018, p.16).

Respecto a la asociación entre la autoeficacia y el burnout los resultados están en consonancia con los modelos propuestos en estudios previos (Llorens, García & Salanova, 2005; Salanova & Llorens, 2008; Ventura, Salanova, y Llorens, 2015). Mientras que la autocficacia y el *engagemnet* interactúan como un "espiral virtuoso", en el caso del burnout las crisis de autoeficacia podrían desencadenar un "espiral vicioso". En efecto, altas demandas laborales y baja autoeficacia tienen efectos negativos en la salud de las personas (Mafud, Arocena y Moreno, 2017). Las creencias de autoeficacia moderan la percepción que el trabajador posee de sus demandas laborales, y en consecuencia, sus niveles de estrés. Por ello, los trabajadores con débiles creencias de eficacia interpretarán sus demandas laborales como más amenazantes, menos susceptibles de controlar y afrontar eficazmente, llevando a un aumento en los niveles de estrés y menguando su desempeño. Esto provocará a su vez una disminución en sus creencias de eficacia, generándose un espiral negativo entre el burnout y la baja autoeficacia (Spontón et al., 2018, p. 12).

De esta manera una disminución en las creencias de auto-eficacia profesional puede llevar a una disminución en el engagement de los trabajadores y favorecer el desarrollo de burnout en los trabadores y viceversa. Cabe destacar que dichas relaciones se mantienen independientemente del país ya que tanto en la muestra de España como en la de Argentina se verifican las hipótesis formuladas (Spontón et al., 2018, p.12).

Recurso N° 4: Expectativas de resultados y Metas

Más allá de los reforzamientos que los empleados pueden recibir de su entorno laboral, es de importancia también considerar las condiciones laborales o refuerzos que los empleados prospectivamente anticipan que podrán recibir o que serán provistos por su entorno laboral (Lent y Brown, 2006). En este sentido, Lent y Brown (2006) plantean la relevancia de indagar las creencias de expectativas conceptualizadas como expectativas de resultado, es decir, las creencias acerca de la probabilidad de obtener un particular resultado del trabajo (por ejemplo, mi trabajo me permitirá obtener un mejor salario). Estas expectativas de resultado han demostrado explicar la satisfacción laboral de los trabajadores.

La importancia de las expectativas de resultados se debe a que las personas se guían por los resultados positivos o negativos que prevén que tendrá una conducta o meta. Si se anticipan consecuencias positivas es más probable que se establezcan ciertas metas y luego se ejecuten, por el contrario, se evitarán comportamientos en lo que se anticipen consecuencias negativas. Según Lent (2004) poseer expectativas positivas de resultados contribuye a que el trabajador establezca metas y efectúe los comportamientos necesarios para el logro de estas y aumente así las probabilidades de que exista un progreso en las metas que se propone. Por otra parte, los trabajadores que no anticipan consecuencias positivas no establecerán metas y presentarán un débil compromiso con las mismas, lo cual disminuye las posibilidades de progreso laboral.

Tal como sugiere Lent (2004), los trabajadores satisfechos con sus empleos anticipan que su experiencia laboral generará consecuencias positivas. Estas consecuencias positivas serían tanto intrínsecas (disfrutar de su trabajo, por ejemplo) como extrínsecas (obtener un buen salario, por ejemplo). Contrariamente, los trabajadores que no anticipen consecuencias positivas ("no voy a ascender nunca", por ejemplo) difícilmente experimenten satisfacción.

Las expectativas de resultado han demostrado estar relacionadas con otras variables relevantes en el contexto laboral. Así, Singh et al. (2013) proponen un modelo en que la autoeficacia y las expectativas de resultado median la relación entre el soporte social y actitudes laborales como ser la satisfacción y el compromiso organizacional, lo cual a su vez afecta la decisión de abandonar la empresa. De esta manera, los investigadores buscan dar cuenta de los factores que permiten predecir dos de las variables más fuertemente implicadas con la decisión de abandono, la satisfacción laboral y el compromiso organizacional. En primer lugar, las correlaciones obtenidas apoyan la hipótesis propuesta. Se observa que las expectativas de resultado correlacionan positivamente con el compromiso organizacional (.38), la satisfacción laboral (.45), y negativamente con la intensión de abandono (-.34). En segundo lugar, el modelo propuesto muestra índices de ajustes adecuados y se puede apreciar que las expectativas de resultado tienen un efecto indirecto sobre la intención de abandono a través de su influencia sobre las actitudes laborales (esto es, satisfacción y compromiso).

Los investigadores Wöhrmann, Deller, y Wang (2013) por su parte indagaron el papel de las expectativas de resultado en las intenciones de continuar trabajando luego del tiempo de retiro. En base a la Teoría Social Cognitiva de la Carrera, el objetivo principal fue indagar como las expectativas acerca del trabajo posterior al retiro influyen en las intenciones o planificación de seguir trabajando en esa etapa. Los resultados obtenidos permiten ver que las expectativas de resultado tienen un efecto directo y positivo tanto sobre las intenciones de seguir trabajando luego del retiro para el mismo empleador, como de las planificaciones para involucrarse en esa etapa en actividades laborales.

Además de las expectativas de resultados, las metas cumplen un papel clave en la dirección del comportamiento. Las metas son indispensables para nuestra capacidad auto-evaluativa. Estas funcionan como un estándar de referencia interno que utilizan la personas para evaluar su experiencia laboral. De esta forma, si los trabajadores perciben que logran un progreso en sus metas se genera una evaluación positiva de su experiencia en el trabajo, mientras que la percepción de no progreso genera una evaluación negativa.

La relación entre el progreso en metas y la satisfacción laboral es bidireccional, dado que se espera que las personas con altos niveles de satisfacción, esto es, aquellas personas con una percepción de que hay poca discrepancia entre lo que esperan y lo que obtienen, se esfuercen en lograr más progreso en sus metas. Al mismo tiempo, el progreso en las metas resultaría en la ganancia de mayores recursos y sentimientos positivos, lo que daría lugar a una mayor satisfacción laboral. Los resultados obtenidos apoyan dichas hipótesis, y se observa, por un lado, que las medidas en el tiempo 1 de satisfacción influyen sobre las medidas de progreso en metas en el tiempo 2, y, por otro lado, el progreso en metas produce también cambios en la satisfacción desde el tiempo 1 al tiempo 2.

Por su parte, Hülsheger y Maier (2010), dan cuenta de la relación entre el progreso en metas y las actitudes laborales, como ser la satisfacción laboral y el compromiso organizacional. La importancia del estudio del compromiso emocional organizacional, es decir, el grado en que el empleado se s0iente ligado y dedicado a su organización, está dada por su relación con distintas consecuencias laborales, aumentando el desempeño laboral y las conductas de ciudadanía, y disminuyendo el ausentismo y el abandono. Los autores identifican diversos estudios que señalan que la percepción de progreso en metas se relaciona con buenas actitudes laborales. Lo anterior se daría ya que el obtener progreso en metas satisface las necesidades, y las actitudes tienden a ser más positivas en la medida en que los individuos acortan la distancia entre las metas y los logros obtenidos. En su estudio, concretamente verifican que el ser una persona con rasgos de estado consciente, es decir, el grado en que la persona está orientado a metas, modera la relación entre el progreso en metas con la satisfacción y el compromiso organizacional. Específicamente, los resultados indican que el progreso en metas predice un aumento en la satisfacción y el compromiso organizacional en aquellos casos en donde el estado de consciencia es bajo.

Los investigadores Hyvönen, Feldt, Salmela-Aro, Kinnunen, y Mäkikanga (2009), dan cuenta de la relación entre el progreso en metas y variables importantes para el bienestar de los trabajadores como ser el *burnout* y el *engagement*. En términos generales, la percepción de progreso en metas se relaciona negativamente con el *burnout* y sus dimensiones (a excepción del cinismo), y positivamente con el *engagment* y sus dimensiones. Concretamente, las correlaciones fueron de -.24 con el *burnout*, de -.11 con el cansancio emocional, y de -.26 con la reducción de la eficacia personal. Por su parte, las correlaciones con el *engagement* fueron de .30, con el vigor de .29, con la dedicación de .33 y con la absorción de .18. A partir de los resultados se obtuvo evidencia de que a mayor percepción de progreso en metas es más probable que los empleados experimenten *engagement* y menos probable que manifiesten *burnout*.

Finalmente, cabe destacar el trabajo de Maier y Brunstein (2001), quienes plantean que es más probable que los empleados logren niveles altos de satisfacción y compromiso organizacional si perciben que su empresa promueve el alcance de metas valoradas. Considerando el Modelo de Metas Personales, se indica que para lograr el bienestar y evitar el estrés, debe presentarse tanto un nivel alto de compromiso individual por las metas como un contexto de condiciones favorables para el alcance de estas. Esto posibilitará que las personas perciban progreso en sus metas, las alcancen, y puedan lograr niveles altos de bienestar. En su estudio, los autores encuentran evidencia a favor de la hipótesis que plantea que el progreso en metas presenta un rol intermediario en la predicción de la satisfacción y el compromiso organizacional. Más específicamente, la presencia de un alto compromiso por las metas, así como condiciones favorables para su consecución, da lugar a una mayor percepción de progreso en metas lo que culmina en mayor satisfacción laboral y compromiso organizacional.

Recurso N° 5: La Satisfacción Laboral

El interés por el estudio de los juicios de satisfacción laboral se debe a la relevancia de esta variable para explicar los problemas de rendimiento, motivación y rotación laboral. Diferentes estudios señalan que la satisfacción con el trabajo se relaciona negativamente con el estrés y positivamente con la productividad (Balkis, 2013; Suldo et al, 2006) y la satisfacción general con la vida (Lounsbury et al, 2004), entre otros factores.

A pesar del acuerdo entre los investigadores sobre la importancia de los juicios de satisfacción, han existido grandes controversias en relación a su delimitación conceptual. La primera se inició durante la década del '60 y se centró en determinar si los juicios de satisfacción debían ser entendidos como juicios "objetivos o subjetivos". Aunque aún persiste cierto debate, en la actualidad se acuerda en conceptualizarla en términos subjetivos, reconociendo que para entender el comportamiento humano resulta imprescindible considerar las orientaciones e interpretaciones subjetivas de los actores involucrados (Vitterso, Biswas-Diener y Diener, 2005). Tal como señalan Sanjuán Suárez y Rueda Laffond (2014) el efecto de las circunstancias objetivas sobre el comportamiento humano se encuentra moderado por la forma en que las personas afrontan y vivencian dichas circunstancias. (Medrano, 2017, p.59)

Según Medrano (2017), una segunda gran controversia se inició en la década del '70 e involucró un debate sobre la conceptualización de la satisfacción como una variable cognitiva o afectiva (Vitterso, Biswas-Diener y Diener, 2005). Así, algunos definen la satisfacción como un juicio cognitivo mientras otros la definen como una emoción positiva. La conceptualización más extendida en la literatura actual refiere a la satisfacción como una valoración cognitiva que efectúan las personas al comparar sus aspiraciones con sus logros alcanzados o situación real (Diener, 1994). Dichos juicios de satisfacción pueden realizarse considerando la totalidad de su vida (satisfacción con la vida), o bien considerando dominios específicos como el trabajo, la familia o la carrera (Suldo et al., 2006). Tal como señala Lent et al. (2007), existe una conceptualización paralela que entiende a la satisfacción como "el nivel de disfrute por llevar a cabo actividades vinculadas al trabajo". Sin embargo, esta definición es considerada inadecuada ya que el afecto positivo sería una variable estrechamente vinculada con los juicos de satisfacción, pero diferente a los mismos. El afecto positivo influye en la conformación de los juicios de satisfacción (Schoefer, 2008) y además se incrementaría como consecuencia de la evaluación favorable que las personas realizan (Tessema, Ready y Yu, 2012). Este estrecho vínculo entre el afecto positivo y los juicios de satisfacción lleva a que con frecuencia se los use de manera intercambiable, cuando en realidad se trata de variables asociadas pero diferentes. Resultados obtenidos en un estudio meta-analítico reciente muestran la importancia de diferenciar el afecto positivo y los juicios de satisfacción ya que son variables que difieren en su estabilidad a lo largo del tiempo y en sus relaciones con otras variables (Luhmann, Hofmann, Eid y Lucas, 2012). Esta diferenciación es aún más clara al observar que ciertos eventos vitales pueden generar un impacto opuesto en ambas variables (aumentar el afecto positivo y disminuir la satisfacción, por ejemplo). (Medrano, 2017, p.60). Por lo tanto, la satisfacción debe ser entendida como un **juicio cognitivo**.

Para Medrano (2017), la última gran controversia refiere a los niveles de especificidad de la Satisfacción con el trabajo. De esta forma mientras algunos estudios consideran juicios globales de satisfacción laboral (Badri, Mohaidat, Ferrandino y Mourad, 2013; Lent et al., 2014), otros investigadores se circunscriben a juicios más específicos tales como "satisfacción con la organización", "satisfacción con las tareas", "satisfacción con la infraestructura" por ejemplo (Bembenutty y White, 2013; Khosravi, Poushaneh, Roozegar y Sohrabifard, 2013). No obstante, la existencia de altas correlaciones entre estas medidas específicas de la satisfacción lleva a que los investigadores se inclinen por el uso de medidas globales de satisfacción laboral (Bakkis, 2013; Butt y Rehman, 2010; Kuo, et al., 2014; Lent et al., 2014). (p.62)

En función de lo anteriormente expuesto, la satisfacción laboral puede ser entendida como un **juicio cognitivo subjetivo y global** que realizan los trabajadores al evaluar sus experiencias en el trabajo. De esta manera, los juicios de satisfacción provendrían de la comparación que realizan entre sus expectativas y su experiencia percibida.

La conformación de estos juicios se realizaría a partir de la información disponible en la memoria episódica y más concretamente en la memoria autobiográfica (Bickart y Schwarz, 2001). Este sistema de memoria se ocupa de la codificación, almacenamiento y recuperación de información episódica relacionada con nuestras experiencias personales, y por tanto, jugaría un papel de importancia en la conformación de juicios relacionados con el sí mismo. (Medrano, 2017, p.68)

El rendimiento y la productividad no depende solamente de la capacidad de los trabajadores, las variables motivacionales son claves para explicar los motivos por los que un trabajador alcanza un desempeño óptimo (Lent et al., 2014).

Habitualmente se utiliza el concepto de motivación para referirse al impulso o energía necesaria para iniciar y mantener una conducta. No obstante, este concepto involucra la coordinación del sujeto para activar y dirigir sus conductas hacia metas (Palmero, 2008). En otras palabras, la activación sería solo un componente de la motivación, mientras que la dirección sería el otro componente clave para entender el comportamiento motivado. (Medrano, 2017, p.68)

Según Medrano (2017), los juicios cognitivos y en particular los juicios de satisfacción son claves en los procesos de dirección de la conducta. Dichos juicios permiten al organismo determinar si seguirán invirtiendo energía y recursos en un comportamiento o meta en particular o si por el contrario conviene re-direccionar dichos recursos y esfuerzo. Los juicios de satisfacción tendrían una función de feedback sobre la elección de metas y las conductas dirigidas a alcanzarlas (Bradford, 2011). De esta manera [los trabajadores más satisfechos] direccionarán en mayor medida sus recursos hacia sus actividades laborales, mostrando un mayor involucramiento (Kong y Yan, 2014), mientras que los que presenten satisfacción direccionarán sus recursos en actividades alternativas que les generen mayores índices de satisfacción. Esto explicaría porque la satisfacción se relaciona positivamente con la persistencia y el compromiso laboral (Tessema, Ready y Yu, 2012). (p.69)

Muchas investigaciones y teorías se han elaborado con el objeto de identificar los factores que permiten predecir o explicar la satisfacción laboral (Duffy y Lent, 2009). Estas se han enfocado sobre diferentes predictores, como ser el ajuste entre la persona y el ambiente laboral, o las disposiciones individuales (por ejemplo, rasgos de personalidad o afectivos; Lent y Brown, 2006). Entre estas teorías se encuentra el Modelo Social Cognitivo de la Profesión propuesto por Lent. Este modelo parte de una visión sociocognitiva y propone integrar a los factores afectivos-disposicionales y situacionales (condiciones laborales) elementos sociocognitivos y conductuales, los cuales promuevan o reduzcan la satisfacción laboral (Lent y Brown, 2006).

Sumado a lo anterior, el modelo social cognitivo de Lent se basa en una visión proactiva, de autodireccionalidad, capturada por el concepto de agencia humana propuesta por Bandura (1987). La teoría percibe así a las personas como agentes activos capaces de direccionar su profesión, lo cual también se ve influenciado por el apoyo del ambiente y los recursos personales (Lent, 2013). El modelo se focaliza específicamente en los siguientes factores predictores de la satisfacción laboral: a) rasgos de personalidad/afectivos; b) participación en actividades dirigidas a metas; c) autoeficacia relacionada al trabajo; d) expectativas de resultado; e) obstáculos o apoyo del ambiente laboral. Finalmente, se mide el efecto conjunto de todas estas variables sobre f) la satisfacción general con la vida (Lent, et al. 2011, figura 2).

Como describen Duffy y Lent (2009), existe evidencia acerca del efecto que tienen estas series de variables sobre la satisfacción laboral. Así, el estado afectivo o la tendencia a experimentar estados emocionales positivos, ha demostrado relaciones entre moderadas y fuertes con la satisfacción laboral. Por ejemplo, los rasgos afectivos positivos y negativos en cierto caso han demostrado explicar el 30% de la varianza de la satisfacción laboral (Lent y Brown, 2006). Otro de los factores del modelo está relacionado a las metas, entendidas como la determinación a lograr cierto resultado o alcanzar cierto nivel de desempeño (Lent y Brown, 2006). En este sentido, se ha podido verificar que tener metas valoradas y hacer progresos en estas es un predictor importante del bienestar general (Duffy y Lent, 2009; Lent y Brown, 2006). Otra variable considerada en el modelo es la creencia de autoeficacia, esto es, la creencia de que uno es capaz de llevar a cabo eficazmente una tarea o comportamiento específico. Se ha podido demostrar también que las creencias de autoeficacia permiten predecir la satisfacción laboral de los trabajadores (Lent y Brown, 2006). Otras de las variables consideradas por el modelo es el apoyo percibido, el cual refiere al grado en que los empleados se sienten apoyados por su ambiente laboral para llevar a cabo los objetivos relacionados al trabajo. Según Duffy y Lent (2009) el grado en que los empleados perciben apoyo de su trabajo se relaciona fuertemente con la satisfacción laboral experimentada. De manera similar, Lent y Brown (2008) dirán que la percepción de apoyo que la persona tenga en relación con su trabajo será una fuente importante de satisfacción laboral. La última variable considerada por este modelo y asociada a la satisfacción laboral son las expectativas de resultados (Lent y Brown, 2006). En este sentido, Lent (2004) indicará que las expectativas de resultados tienen un efecto directo sobre los juicios de satisfacción laboral, pero también indirectos a través de la percepción del progreso en metas. Esta última relación se explica en función de que las personas constantemente anticipan las consecuencias de sus acciones. Esto afecta el establecimiento y ejecución de metas.

Figura 2. Modelo social cognitivo de satisfacción laboral y satisfacción con la vida

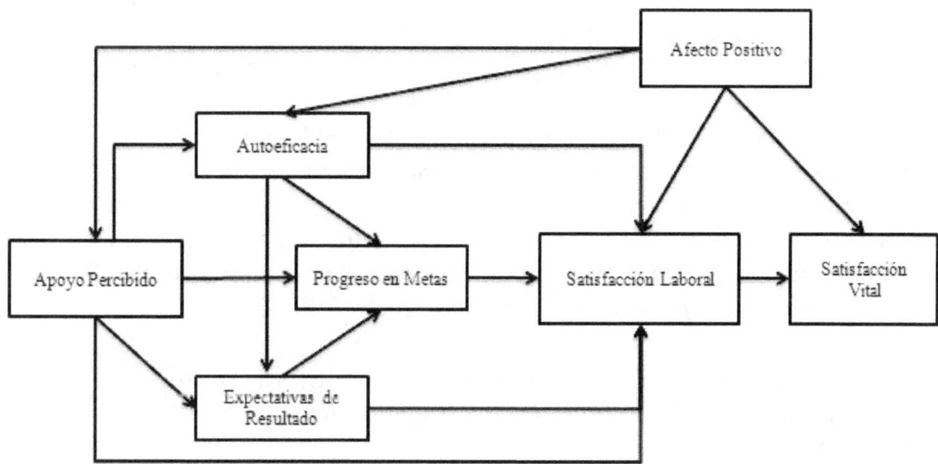

Fuente: elaboración propia en base a Lent, 2004.

Sintéticamente, el modelo indica que la probabilidad de que la persona se sienta más satisfecha con su trabajo aumentará a medida que aumente su percepción de competencia con relación a sus tareas laborales, tenga expectativas favorables de resultado, perciba progreso sobre las metas laborales, reciba apoyo de su ambiente, y posea una predisposición a experimentar afectos positivos. Asimismo, dadas todas estas condiciones, es más probable que la persona se sienta satisfecha con su vida (Lent, et al. 2011).

Referencias

Castellano, E., Muñoz-Navarro, R., Toledo, M. S., Spontón, C., y Medrano, L. A. (2019). Cognitive processes of emotional regulation, burnout and work engagement. *Psicothema*, 31(1), pp. 73-80.

Castellano, E.; Cifré, E.; Spontón, C.; Medrano, L. & Maffei; L. (2013). Emociones Positivas y Negativas en la predicción del Burnout y Engagement en el Trabajo. *Revista Peruana de Psicología y Trabajo Social*, 2(1), pp. 75-88.

Chida, Y., & Steptoe, A. (2008). Positive psychological well-being and mortality: a quantitative review of prospective observational studies. *Psychosomatic medicine*, 70(7), 741-756

Diener, E., & Chan, M. Y. (2011). Happy people live longer: Subjective well–being contributes to health and longevity. *Applied Psychology: Health and Well–Being*, 3(1), 1-43

Gross, J. J. (1999). Emotion regulation: Past, present, future. *Cognition & emotion*, 13(5), 551-573

Hervás, G. & Vázquez, C. (2006). La regulación afectiva: modelos, investigación e implicaciones para la salud mental y física. *Revista de psicología general y aplicada*, 59(1-2), 9-36

Izard, C. E. (2011). Forms and functions of emotions: Matters of emotion–cognition interactions. *Emotion Review*, 3(4), 371-378

Koole, S. L. (2009). The psychology of emotion regulation: An integrative review. *Cognition and emotion*, 23(1), 4-41

Lyubomirsky, S., King, L., & Diener, E. (2005). The benefits of frequent positive affect: Does happiness lead to success?. *Psychological bulletin, 131*(6), 803

Medrano, L. (2012). Emociones y Regulación Emocional en el contexto Universitario y Organizacional. *Alemania: Editorial Académica Española.*

Medrano, L. A., Muñoz-Navarro, R., y Cano-Vindel, A. (2016). Procesos cognitivos y regulación emocional: aportes desde una aproximación psicoevolucionista. *Ansiedad y estrés, 22*(2-3), pp. 47-54.

Pinker, S. (2012). *The better angels of our nature: A history of violence and humanity.* London: Penguin Books

Rodríguez, J. A. P., Linares, V. R., González, A. E. M., & Guadalupe, L. A. O. (2009). Emociones negativas y su impacto en la salud mental y física. *Suma psicológica, 16*(2), 85-112

Russell, J. A. (1980). A circumplex model of affect. *Journal of personality and social psychology, 39*(6), 1161

Sapolsky, R. (2007). *Por qué las cebras no tienen úlcera?: la guía del estrés.* Alianza Editorial: Madrid

Segerstrom, S. C., & Sephton, S. E. (2010). Optimistic expectancies and cell-mediated immunity: The role of positive affect. *Psychological science, 21*(3), 448-455

Spontón, C., Medrano, L., Castellano, E., Spontón, M. y Maffei, L. (2012). Adaptación del Cuestionario de Autoeficacia Profesional (AU-10) a la población de Trabajadores Cordobeses. *Pensamiento Psicológico, 10 (1),* 51-62.

Spontón, C., Medrano, L., Maffei, L., Spontón, M. y Castellano, E. (2012). Validación del Cuestionario de Engagement UWES a la población de trabajadores de Córdoba, Argentina. *Liberabit, 18 (2),* 147-154.

Watson, D. (2000). Basic problems in positive mood regulation. *Psychological Inquiry, 11*(3), 205-209

Watson, D., & Tellegen, A. (1985). Toward a consensual structure of mood. *Psychological bulletin, 98*(2), 219

4.1 Recursos personales y procesos cognitivos

4.1.1 Recursos personales y procesos cognitivos: aportes de la Teoría Social Cognitiva

El comportamiento de las personas no se limita a nuestras reacciones emocionales o las influencias de nuestro entorno. Tal como postula la Teoría Social Cognitiva (TSC) "las personas son proactivas, regulan y organizan su propio comportamiento, y reflexionan sobre el mismo" Medrano y Flores Kanter, 2017, p.32). Nuestras capacidades cognitivas nos permitieron comprender, predecir y alterar los cursos de nuestras propias vidas. Gracias al lenguaje, la abstracción y deliberación cognitiva los seres humanos nos transformamos en una especie agentica, "capaz de trascender las imposiciones del ambiente inmediato y dirigir el curso de sus propias vidas" (Medrano y Flores Kanter, 2017, p.32)

Para Bandura (2006) la agencia humana involucra cuatro capacidades fundamentales. La primera es la intencionalidad, ya que las personas son capaces de formar intenciones, planes de acción y estrategias para alcanzar sus metas. La intención es una representación de una acción a futuro, no es simplemente un deseo o expectativo, sino que involucra un compromiso proactivo de llevarlas a cabo. Las intenciones actúan como auto-motivadores que afectan la probabilidad de acciones a futuro. Por otra parte, Bandura destaca que la intencionalidad se encuentra enraizada en la capacidad de anticipación. Dado que las personas no reaccionan simplemente a sus ambientes inmediatos ni están ancladas en su pasado. Si bien los hechos futuros no son factores determinantes de la conducta su representación puede tener un fuerte impacto en las acciones presentes. El significado que atribuyen las personas a los futuros resultados y las creencias sobre cómo las acciones cambiarán los resultados futuros afectan directamente sobre las acciones presentes. (Medrano y Flores Kanter, 2017, p. 23)

Tal como señalan Medrano y Flores Kanter (2017),

las personas no solo planifican y anticipan, sino que también autorregulan su conducta, motivación y afecto. La mayor parte del comportamiento está motivado y regulado a través de patrones internos y de reacciones autoevaluadores de las propias acciones. En este sentido cabe señalar que las acciones humanas dependen en parte de influencias auto-producidas. Según Bandura (2001) esta habilidad para regular los cursos de acción conlleva una serie de subfunciones cognitivas tales como el automonitoreo, los procesos de juicio y las autorreacciones. De esta manera las personas observan su propia conducta, efectúan comparaciones de la misma con patrones internos y la ejecución de otras personas y valoran los factores personales y situacionales que afectan la propia ejecución. Los juicios favorables de la propia ejecución generan autorreacciones (positivas o negativas) que sirven como incentivos motivacionales para el cambio o mantenimiento de la conducta.

Finalmente, las personas poseen capacidad autorreflexiva, lo cual permite a los individuos analizar sus experiencias y pensar sobre sus propios procesos de pensamiento. A partir de esta auto-evaluación pueden alterar su propio pensamiento y conductas (Bandura, 2006).

En síntesis, desde la perspectiva de la agencia humana se considera que las personas no son solo consecuencias de sus circunstancias, sino que poseen la capacidad de ejercer un control sobre sus propias vidas. Tienen intencionalidades, efectúan planes a futuro, anticipan resultados de sus acciones, autorregulan su comportamiento y monitorean sus acciones para lograr la consecución de sus objetivos. Además, auto-examinan su propio funcionamiento y establecen juicios sobre sus propias capacidades y sobre el logro de objetivos para efectuar los ajustes necesarios que le permiten cumplimentar sus metas. (Medrano y Flores Kanter, 2017, p.24)

En el transcurrir de su vida diaria, las personas analizan las situaciones que confrontan, consideran diferentes cursos de acción, juzgan sus propias capacidades y evalúan las consecuencias de sus propios actos. De esta manera, logran ejercer un control sobre los numerosos eventos que afectan sus vidas. Esta concepción de hombre es sintetizada por Bandura (1977) en la idea de agencia humana, vale decir, que las personas poseen la virtud de obrar sobre sus propias acciones y funcionamiento psicosocial.

En el marco de la TSC, Lent (2004) planteó la existencia de una serie de constructos cognitivos que actuarían como recursos personales en el contexto organizacional y favorecerían la motivación y salud de los trabajadores. El modelo formulado por Lent (2004) se subraya el papel de cuatro procesos cognitivos: las creencias de autoeficacia, las expectativas de resultados, las metas y los juicios de satisfacción.

Otros recursos personales positivos para el trabajo

Además de los recursos mencionados anteriormente, existen otros recursos personales de gran importancia para explicar los niveles de bienestar de una las personas. A continuación, se exponen sintéticamente algunos de los más relevantes.

4.2.1 Optimismo y afrontamiento

Diversos estudios científicos sugieren que las personas optimistas son más propensas a ser perseverantes, activos, poseer mejor humor y mejor estado de salud física y mental. Además, tener expectativas favorables cuando surgen dificultades lleva a incrementar los esfuerzos de las personas por resolver dichos problemas, en tanto que las expectativas desfavorables reducen tales esfuerzos, llevando incluso a abandonar la tarea (Ferrando, Chico y Tous, 2002).

No obstante, para indagar adecuadamente sobre el rol favorable o no del optimismo es importante analizar como este interactúa con las estrategias de afrontamiento. Según Chico Librán, (2002), "durante los últimos años ha ido creciendo el interés por el estudio de las distintas formas en que las personas resuelven situaciones difíciles y estresantes que van encontrando en sus vidas" (p.15). Estos estilos suelen denominarse **estrategias de afrontamiento**.

En cuanto a las formas de afrontamiento que suelen utilizar las personas, los investigadores aceptan que, al menos, existen [dos estrategias básicas]: *1) Afrontamiento focalizado al problema*, que hace referencia a los esfuerzos por intentar resolver el problema o, al menos que disminuya su impacto, y 2) *Afrontamiento de evitación*, que implica evitar el problema no pensando en él o distrayéndose con otras actividades o conductas (Chico Librán, 2002, p.15)

De este modo, se reducen los sentimientos negativos que origina la situación estresante. En una investigación realizada por el Observatorio de Tendencias Sociales y Empresariales de la Universidad Siglo 21, se analizaron los niveles de optimismo y los estilos de afrontamiento en una muestra de 1050 trabajadores argentinos. Los resultados se presentan a continuación.

Figura 3. Optimismo y afrontamiento en trabajadores

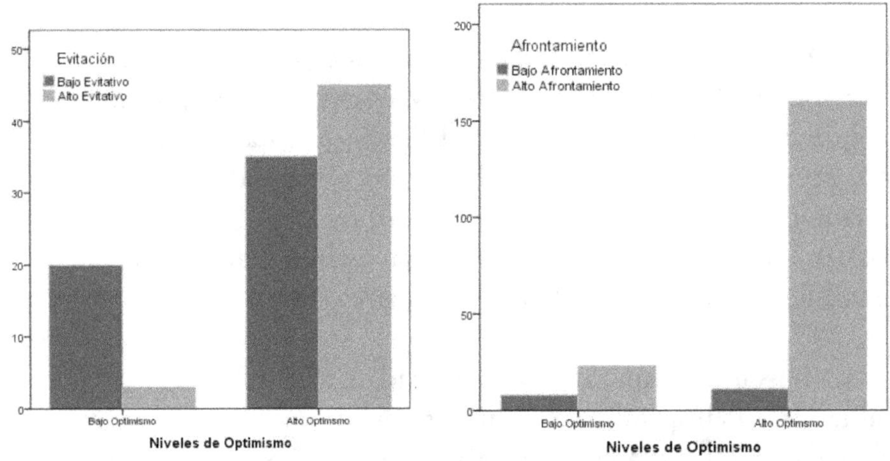

Fuente: elaboración propia en base a Informe Observatorio Tendencias Sociales y Empresariales, Universidad Siglo 21

Curiosamente se observa que el **optimismo** se asocia tanto a un estilo de afrontamiento activo (es decir, focalizado en el problema) como a un estilo evasivo de afrontamiento (centrado en la distracción). Estos resultados sugieren que el optimismo puede tener un efecto diferencial sobre el comportamiento. En algunas personas, altos niveles de optimismo impulsan a la acción para la resolución de problemas, mientras que en otros, altos niveles de optimismo promueven una evitación del problema, centrada en la idea que este "se resolverá solo". Este último tipo de optimismo ha sido denominado por la literatura científica como "optimismo ingenuo". Aquellos los trabajadores que presenten elevados niveles de optimismo asociado a estrategias de afrontamiento contarán con mayores recursos personales para afrontar las demandas laborales.

Tabla 1. Confrontación optimista vs. optimismo ingenuo

Confrontación optimista	Optimismo ingenuo
Implica una mirada y planificación optimista necesarias para realizar acciones eficientes.	Implica un pensamiento irracionalmente positivo y simplista.
Permite moviliza la energía necesaria para actuar sobre determinada circunstancia.	Es descontextualizado y no permite abandonar metas poco factibles.

Fuente: elaboración propia.

Fluir

El término fluir (*flow*) o experiencia óptima, tiene su origen
en el estudio de las experiencias positivas de las personas al involucrarse en actividades altamente gratificantes. Estas experiencias
se producen cuando nos dedicamos a tareas difíciles pero con-
trolables que exigen habilidad y motivación intrínseca. Ocurren
cuando el trabajador logra poner la atención al servicio de cumplir un objetivo que es compatible con sus habilidades, siendo la
actividad regulada por normas que brindan una retroalimenta-
ción inmediata sobre el desempeño. En estas situaciones los suje-
tos tienen la sensación de tener control sobre las acciones propias
y sobre el entorno inmediato, son absorbidos por la experiencia
produciéndose una pérdida de la noción del tiempo y del sí mismo como seres diferenciados de la tarea que se lleva adelante.
(Calero y Injoque-Ricle, 2013, p.6)

Las experiencias de fluir, también han sido denominadas **estados de absorción** debido a la sensación de "concentración total
en el trabajo, un estado mental donde la persona experimenta que
el tiempo "pasa volando", y tiene dificultades en desconectarse de
lo que está haciendo debido a las fuertes dosis de disfrute y concentración experimentados" (Calero y Injoque-Ricle, 2013, p.6).

Aunque algunos autores proponen que la absorción es una
de las dimensiones del *engagement,* mayoritariamente se suele
considerar a este constructo como una variable diferente, aunque
estrechamente vinculada.

Las experiencias de fluidez se dan principalmente en tareas
que exigen plena concentración, y donde existe un equilibrio entre nuestra habilidad y el nivel de demanda. Si el nivel de demanda es superior a nuestras capacidades nuestra experiencia es
de ansiedad o estrés. Si por el contrario nuestras capacidades son
superiores a nuestras demandas, nuestra experiencia es de aburrimiento. Cuando se observa un equilibrio entre nuestros recursos
y demandas, es cuando los trabajadores fluyen (figura 4).

Figura 4. Experiencias de fluidez, ansiedad y aburrimiento

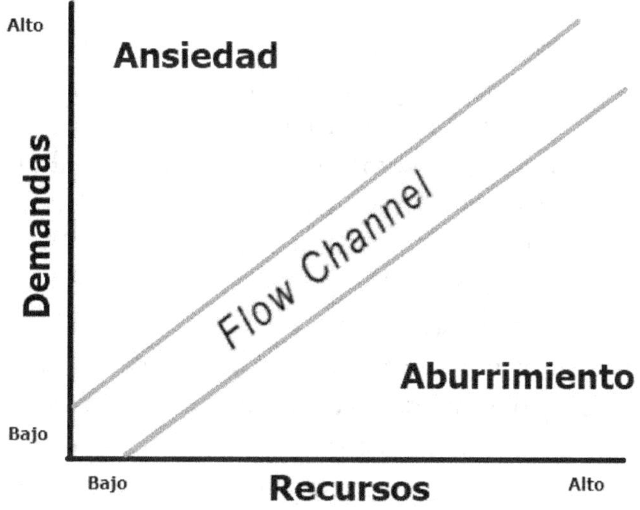

Fuente: elaboración propia.

La gran pregunta que solemos hacernos es ¿cómo crear experiencias de flujo en los trabajadores?, en la tabla 2 se exponen algunas sugerencias:

Tabla 2. Cómo crear experiencias de flujo

Tareas de un líder que ayudan a obtener y mantener *flow*	Descripción
Brindar metas claras	Debe haber claridad en las metas y brindarles flexibilidad para alcanzarlas.
Dar *feedback* inmediato	Ayudar a determinar si se están acercando a la meta.
Desafiar las habilidades	Dar tareas que exijan a los trabajadores pero que no los sobrepasen.
Buscar un equilibrio	Que las capacidades de los trabajadores coincidan con la dificultad de la tarea.

Fuente: elaboración propia.

Recuperación y desconexión del trabajo

En la última década, diferentes investigadores comenzaron a interesarse por la manera en que los trabajadores emplean su tiempo libre para recuperarse de la fatiga y el estrés generado por las exigencias laborales, así como sus efectos sobre la salud, el bienestar y el desempeño en el trabajo (Fritz, Yankelevic, Zarubin y Barger, 2010; Moreno-Jiménez y Gálvez-Herrer, 2013; Medrano y Trógolo, 2018; Sonnentag, 2012).

En concreto la **recuperación** ha sido definida como un proceso de relajación psicofisiológica que se produce tras la exposición a una situación estresante que requiere de esfuerzo. Este proceso se concibe como el opuesto al estrés. De este modo, mientras que las situaciones demandantes o estresantes producen un estado de activación psicofisiológica del organismo, la recuperación disminuye los niveles de activación ocasionados por las situaciones estresantes, evitan la acumulación de tensión y fatiga, y la restauración de los recursos y energías del individuo. Como resultado, se produce un sentimiento de renovación que aumenta las posibilidades de afrontar con éxito las nuevas demandas laborales (Colombo y Cifre Gallego, 2012).

La recuperación interna ocurre durante el trabajo (mediante descansos formales o informales), mientras que la recuperación externa se da fuera del trabajo. Si bien un periodo extenso de descanso favorece que las personas se sientan recuperadas, sus efectos desaparecen rápidamente al volver al trabajo. (De Bloom, Geutrz y Kompier, 2013). Por lo cual la recuperación diaria o en los fines de semana es más relevante para el cuidado del bienestar (Garrosa, Carmona-Cobo, Moreno-Jiménez y Sanz-Vergel, 2015; Sonnentag, 2001).

Diferentes actividades que pueden contribuir a la recuperación, como realizar ejercicio físico, actividades sociales (por ejemplo, reunirse con amigos), *hobbies*, escuchar música o ver televisión (Demerouti, Bakker, Geurts & Taris, 2009; Sonnentag,

2001; Sonnentag y Zijlstra, 2006). Sin embargo, se ha señalado que "no es la actividad en sí misma la que ayuda a la persona a recuperarse, sino la experiencia psicológica que subyace a dicha actividad, como la sensación de 'desconexión'" (Sonnentag y Fritz, 2007, p. 26).

De este modo, leer un libro o escalar una montaña son actividades que pueden tener el mismo impacto en distintas personas (recuperación), debido a que el proceso psicológico es similar (es decir, desconexión).

Luego de años de investigaciones centradas en el tipo de actividades de ocio más eficientes para lograr una mejor recuperación, el foco de análisis a comenzado a virar a las experiencias psicológicas implicadas en el proceso de recuperación. De esta manera, se planteó que no es la actividad en sí misma la que ayuda a la persona a recuperarse de una situación de estrés, sino que es el proceso psicológico que subyace.

Para corroborar esta hipótesis a través del Observatorio de Tendencias Sociales y Empresariales de la Universidad Siglo 21, se realizó un estudio en el que se analizó la relación entre ocio, desconexión y agotamiento en el trabajo. Los resultados indicaron que la cantidad de tiempo dedicado al ocio se relaciona levemente con el agotamiento posterior en el trabajo (r = -.12), mientras que la desconexión con el trabajo posee un efecto notablemente superior (r = -.24). Más aún, se observa que el efecto de la cantidad de ocio sobre el agotamiento es nulo si se controla estadísticamente la influencia de la desconexión. Tal como puede apreciarse en el análisis de sendero de la figura 5, el ocio tiene una influencia directa baja sobre el agotamiento, pero esta aumenta significativamente si se incluye a la **desconexión** como variable mediadora. Esto quiere decir que realizar actividades de ocio sin desconectarse no disminuye nuestro nivel de cansancio.

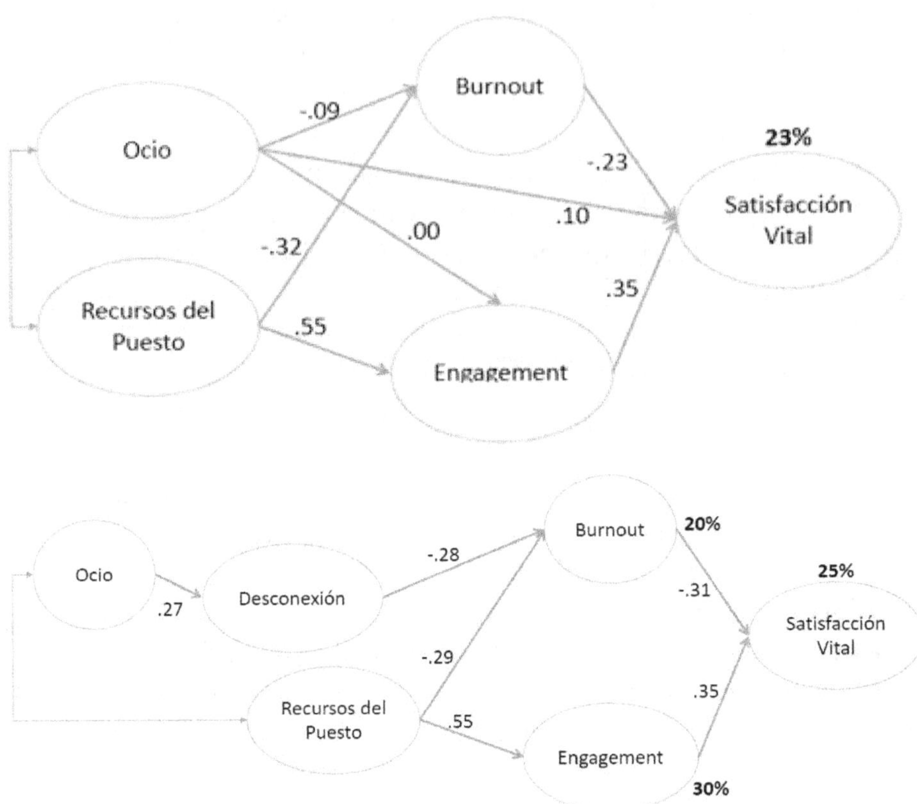

Fuente: elaboración propia.

Más concretamente se observa que el 49.8% de las personas que logra desconectarse presenta bajo niveles de agotamiento, independientemente del tipo de actividad de ocio que realice y la cantidad de horas de trabajo. Este porcentaje se reduce a la mitad cuando las personas no pueden desconectarse (solo el 25% de las personas presenta bajo agotamiento cuando no logra desconectarse). Dicho de otra forma, el efecto del ocio sobre la recuperación es el doble si logramos desconectarnos del trabajo.

Esto quiere decir que más que la cantidad de tiempo de ocio, lo verdaderamente importante es el proceso de desconexión con el trabajo. Lograr un distanciamiento psicológico con el trabajo es la clave para el proceso de recuperación. Tener momentos de ocio no contribuye por si solo a lograr una recuperación si no logramos desconectarnos del trabajo.

Tolerancia a la frustración

Tradicionalmente la frustración puede ser definida "como un estado o respuesta del organismo que se desencadena cuando un sujeto experimenta una devaluación sorpresiva en la calidad o cantidad de una recompensa" (Mustaca, 2013, p .8).

Aunque es esperable que todos experimentemos una respuesta de frustración cuando no logramos lo que esperábamos, se observa una gran variabilidad en los niveles de intensidad y duración de la frustración entre las personas. Es decir, que mientras algunas personas experimentan bajos niveles de frustración, otros experimentan altos niveles de la misma. Estas diferencias han llevado a los investigadores a estudiar los factores que se asocian a la baja o alta tolerancia a la frustración.

A pesar de la gran cantidad de factores involucrados se ha corroborado que la intensidad de la respuesta depende fundamentalmente del tamaño de discrepancia entre lo que se espera recibir y lo que realmente se obtiene (Mustaca, 2013), corroborándose el importante papel de las creencias previas en la explicación de la frustración.

En esta misma línea, Albert Ellis destacó el papel de una serie de creencias que explicarían la intolerancia a la frustración (IF). Para este autor, la IF deriva de la exigencia de que la realidad sea como queremos que sea y la negativa a aceptar las diferencias entre un deseo o expectativa y la realidad. Las personas con alta IF evitan los eventos frustrantes y ello conduce a un aumento de la frustración y del estrés que se pretendía evitar.

Desde este modelo se plantea la existencia de cuatro creencias que promueven la intolerancia a la frustración:

1. Intolerancia a la incomodidad, refieren a la creencia de que la vida debería ser fácil, cómoda y libre de problemas (ej. "Las tareas que intento no deben ser demasiado difíciles").
2. Creencias de injusticia; que refleja creencias de que los deseos personales deben ser cumplidos y que es injusto si las otras personas no complacen y frustrar estos deseos (ej. "No puedo soportar tener que ceder a la demanda de otras personas").
3. Intolerancia emocional; deriva de la creencia de que las personas no debemos experimentar angustia o malestar emocional (ej., "Debo estar libre de sentimientos angustiantes").
4. Intolerancia al fracaso; deriva de creencias de que si me esforcé debo tener los resultados que esperaba, de lo contrario es injusto (ej. "No puedo soportar que no se termine un trabajo").

En función de ello, una manera de aumentar la tolerancia a la frustración consiste en reestructurar estas creencias irracionales. Esto implica:

a. Aceptar que la vida no es fácil o cómoda, y que es normal que habitualmente aparezcan problemas.
b. Aceptar que es esperable que no se cumplan todos mis deseos, y que las otras personas no están obligadas a satisfacer mis necesidades.
c. Reconocer que, aunque no lo deseemos el malestar es parte de nuestra vida, estas emociones no son malas, solo son incómodas.
d. Aceptar que no siempre voy a lograr los resultados que

esperaba, incluso aunque haya invertido mi máximo esfuerzo.

Las investigaciones en este campo demuestran que la reestructuración de estos pensamientos se asocia a un decremento en las emociones displacenteras y permiten enfrentar la realidad de manera más adaptativa.

Referencias

Balkis, M. (2013). Academic procrastination, academic life satisfaction and academic achievement: the mediation role of rational beliefs about studying. *Journal of Cognitive & Behavioral Psychotherapies, 13*(1

Bandura, A. (1977). Self-efficacy: toward a unifying theory of behavioral change. *Psychological review, 84*(2), 191

Bandura, A. (1987). *Pensamiento y acción: fundamentos sociales.* España: Martínez Roca.

Brown, S. D., Tramayne, S., Hoxha, D., Telander, K., Fan, X., & Lent, R. W. (2008). Social cognitive predictors of college students' academic performance and persistence: A meta-analytic path analysis. *Journal of Vocational Behavior, 72*(3), 298-308

Calero, A., & Injoque-Ricle, I. (2013). Propiedades psicométricas del Inventario Breve de Experiencias Óptimas (Flow). *Revista Evaluar, 13*(1)

Colombo, V., & Gallego, E. C. (2012). La importancia de recuperarse del trabajo: Una revisión del dónde, cómo y por qué. *Papeles del psicólogo, 33*(2), 129-137

De Bloom, J., Geurts, S. A., & Kompier, M. A. (2013). Vacation (after-) effects on employee health and well-being, and the role of vacation activities, experiences and sleep. *Journal of Happiness Studies, 14*(2), 613-633

Demerouti, E., Bakker, A. B., Geurts, S. A., & Taris, T. W. (2009). Daily recovery from work-related effort during non-work time. In *Current perspectives on job-stress recovery* (pp. 85-123). Boston: Emerald Group Publishing Limited

Duffy, R. D., & Lent, R. W. (2009). Test of a social cognitive model of work satisfaction in teachers. *Journal of Vocational Behavior, 75*(2), 212-223

Ferrando, P. J., Chico, E., & Tous, J. M. (2002). Propiedades psicométricas del test de optimismo Life Orientation Test. *Psicothema, 14*(3), 673-680.

Fritz, C., Yankelevich, M., Zarubin, A., & Barger, P. (2010). Happy, healthy, and productive: the role of detachment from work during nonwork time. *Journal of Applied Psychology, 95*(5), 977

Garrosa, E., Carmona-Cobo, I., Moreno-Jiménez, B., & Sanz-Vergel, A. (2015). El impacto emocional del incivismo laboral y el abuso verbal en el trabajo: el papel protector de la recuperación diaria. *anales de psicología, 31*(1), 190-198

Geurts, S. A., & Sonnentag, S. (2006). Recovery as an explanatory mechanism in the relation between acute stress reactions and chronic health impairment. *Scandinavian journal of work, environment & health, 32*(6), 482-492

Hülsheger, U. R., Lang, J. W., & Maier, G. W. (2010). Emotional labor, strain, and performance: Testing reciprocal relationships in a longitudinal panel study. *Journal of occupational health psychology, 15*(4), 505

Hyvönen, K., Feldt, T., Salmela-Aro, K., Kinnunen, U., & Mäkikangas, A. (2009). Young managers' drive to thrive: A personal work goal approach to burnout and work engagement. *Journal of vocational Behavior, 75*(2), 183-196

Lent, R. W. (2004). Toward a unifying theoretical and practical perspective on well-being and psychosocial adjustment. *Journal of Counseling Psychology, 51*(4), 482

Lent, R. W., & Brown, S. D. (2006). On conceptualizing and assessing social cognitive constructs in career research: A measurement guide. *Journal of career assessment, 14*(1), 12-35

Lent, R. W., & Brown, S. D. (2013). Social cognitive model of career self-management: Toward a unifying view of adaptive career behavior across the life span. *Journal of counseling psychology, 60*(4), 557

Lent, R. W., Nota, L., Soresi, S., Ginevra, M. C., Duffy, R. D., & Brown, S. D. (2011). Predicting the job and life satisfaction of Italian teachers: Test of a social cognitive model. *Journal of Vocational Behavior, 79*(1), 91-97

Librán, E. C. (2002). Optimismo disposicional como predictor de estrategias de afrontamiento. *Psicothema, 14*(3), 544-550

Lounsbury, J. W., Park, S. H., Sundstrom, E., Williamson, J. M., & Pemberton, A. E. (2004). Personality, career satisfaction, and life satisfaction: Test of a directional model. *Journal of Career Assessment, 12*(4), 395-406

Maffei, L., Spontón, C., Spontón, M., Castellano, E., & Medrano, L. A. (2012). Adaptación del Cuestionario de Autoeficacia Profesional (AU-10) a la población de trabajadores cordobeses. *Pensamiento Psicológico, 10*(1), 51-62

Maier, G. W., & Brunstein, J. C. (2001). The role of personal work goals in newcomers' job satisfaction and organizational commitment: A longitudinal analysis. *Journal of Applied Psychology, 86*(5), 1034.

Medrano, L. (2017). Construcción de un Sistema de Evaluación de la Satisfacción Académica en Ingresantes Universitarios Tesis Doctoral. *Inédito*

Medrano, L. A. & Flores Kanter, P. E. (2017). La Problemática del Ingreso a la Universidad desde una perspectiva de la teoría de la agencia social: Aportes de la Teoría Social Cognitiva. *Revista Argentina de Educación Superior (9) 15;* 11-35.

Medrano, L. A., & Trógolo, M. A. (2018). Employee Well-being and Life Satisfaction in Argentina: The Contribution of Psychological Detachment from Work. *Revista de Psicología del Trabajo y de las Organizaciones, 34*(2), 69-81

Medrano, L. A., Flores-Kanter, E., Moretti, L., & Pereno, G. L. (2016). Effects of induction of positive and negative emotional states on academic self-efficacy beliefs in college students. *Psicología Educativa, 22*(2), 135-141

Moreno-Jiménez, B., & Herrer, M. G. (2013). El efecto del distanciamiento psicológico del trabajo en el bienestar y la satisfacción con la vida: un estudio longitudinal. *Revista de Psicología del Trabajo y de las Organizaciones, 29*(3), 145-151

Mustaca, A. E. (2013). " Siento un dolor en el alma":¿ metáfora o realidad?. *Revista Argentina de Ciencias del comportamiento, 5*(2), 47-60

Salanova, M., Llorens, S., & Schaufeli, W. B. (2011). "Yes, I can, I feel good, and I just do it!" On gain cycles and spirals of efficacy beliefs, affect, and engagement. *Applied Psychology, 60*(2), 255-285

Singh, S. K., Tang, W. Z., & Tachiev, G. (2013). Fenton treatment of landfill leachate under different COD loading factors. *Waste management, 33*(10), 2116-2122

Sonnentag, S. (2001). Work, recovery activities, and individual well-being: A diary study. *Journal of occupational health psychology, 6*(3), 196

Sonnentag, S. (2012). Psychological detachment from work during leisure time: The benefits of mentally disengaging from work. *Current Directions in Psychological Science, 21*(2), 114-118

Sonnentag, S., & Zijlstra, F. R. (2006). Job characteristics and off-job activities as predictors of need for recovery, well-being, and fatigue. *Journal of Applied Psychology, 91*(2), 330

Spontón, C., Castellano, E. J., Salanova, M., Llorens, S., Maffei, L., y Medrano, L. (2018). Evaluación de un modelo sociocognitivo de autoeficacia, burnout y engagement en el trabajo: análisis de invarianza entre Argentina y España. *Psychologia, 12*(1), pp. 89-101.

Spontón, C., Medrano, L., Castellano, E., Spontón, M. y Maffei, L. (2012). Adaptación del Cuestionario de Autoeficacia Profesional (AU-10) a la población de Trabajadores Cordobeses. *Pensamiento Psicológico, 10 (1),* 51-62.

Spontón, C., Medrano, L., Maffei, L., Spontón, M. y Castellano, E. (2012). Validación del Cuestionario de Engagement UWES a la población de trabajadores de Córdoba, Argentina. *Liberabit, 18 (2),* 147-154.

Suldo, S. M., Riley, K. N., & Shaffer, E. J. (2006). Academic correlates of children and adolescents' life satisfaction. *School Psychology International, 27*(5), 567-582

Wöhrmann, A. M., Deller, J., & Wang, M. (2013). Outcome expectations and work design characteristics in post-retirement work planning. *Journal of Vocational Behavior, 83*(3), 219-228.

Recursos de los Equipos:
El papel de las Relaciones Sociales Positivas

Mgter. Carlos Spontón

Introducción

A continuación, se encuentran algunos conceptos relacionados al bienestar grupal dentro de las organizaciones. Para ello, se describe una definición científica del engagement grupal, a partir de sus últimas investigaciones, la importancia de la cohesión grupal y cómo medirla. Después, se detallan las características de los equipos de alta satisfacción y alto desempeño, la conectividad entre sus miembros, el impacto que la positividad emocional tiene en la productividad de un equipo y finalmente, los desafíos que lleva aparejado la búsqueda del "flow colectivo".

El Engagement grupal

Se profundiza aquí en el concepto de work-engagement entendido como un fenómeno interaccional, a partir de la regulación colectiva del esfuerzo compartido para lograr objetivos comunes. También se destaca más abajo, una de las principales variables psicosociales motivadores: la cohesión grupal. La misma predice las ganas de una persona de ser parte de un equipo y finalmente, se dan algunas ideas respecto de cómo se puede usar este concepto para diseñar herramientas útiles de intervención psicosocial.

Las últimas investigaciones sobre engagement grupal.

El interés sobre cómo mejorar el desempeño grupal tiene probablemente los mismos años que la propia humanidad (Pinker, 2005). Sólo imaginar al líder de un grupo de cazadores primitivos tratando de organizar a su grupo para aumentar las probabilidades de caza, sin que ninguno salga herido, o la coordinación de un grupo de recolectores que descubren, que, si siguen una metodología conjunta, pueden conseguir más frutas con niveles menores de esfuerzo. También, podemos imaginar a los primeros constructores de viviendas para protegerse del frío y de la lluvia, tratando de apurarse en el armado de la misma porque llega la noche, a la vez que se esfuerzan por encontrar la mejor forma de que varias personas, con diferentes aptitudes y posibilidades puedan entregarse a ese bien común: dormir bajo techo, en las primeras comunidades de seres humanos.

Más cercano, en el tiempo, y producto del avance científico sobre el estudio de la eficiencia grupal, se encontraron algunas variables que están asociadas al éxito y al logro de los objetivos, por ejemplo, en el ámbito de las organizaciones militares y también en los equipos deportivos donde el éxito depende preponderantemente de la interacción de los miembros, más allá de las capacidades y el talento individual.

Un poco más cerca aún, en las organizaciones laborales actuales, para explicar el éxito en la ejecución de una tarea colectiva, se ha enfatizado en proponer variables específicas que lo explican, con diferentes niveles de validación científica. Dentro de estas variables, las motivacionales han sido tenidas en cuenta, bajo la sencilla hipótesis que afirma: un equipo motivado funciona mejor que un equipo no motivado. En otros términos, se asume que si sube la motivación colectiva sube también el desempeño del equipo (teniendo en cuenta la existencia de variables mediadores, por ejemplo, las competencias técnicas apropiadas para la ejecución de esas tareas).

Tal como hemos visto anteriormente, dentro del estudio sobre la motivación laboral, una de las variables más estudiadas es el del work-engagement. Más concretamente, en este apartado, lo que nos interesa describir es el engagement grupal, desde una perspectiva interaccional. Así, habiendo definido anteriormente qué es el work-engagement, sus causas y sus consecuencias, haremos referencia a su especificidad grupal, relacional, asumiendo el supuesto de que un equipo "engaged" es altamente positivo para la organización.

Tal como dijimos arriba, dentro de las investigaciones científicas, se ha dado mucha relevancia al work- engagement en su nivel individual de análisis (Salanova & Schaufeli, 2009), pero, desde una perspectiva innovadora, y atendiendo a la importancia que los equipos de trabajo tienen en el ámbito empresarial (Hodson, 1997), Torrente y otros (2012) han estudiado al work-engagement como un fenómeno interaccional-grupal altamente relacionado con los niveles de desempeño en un equipo de trabajo.

Desde nuestra opinión, es un aporte innovador ya que los anteriores estudios sobre engagement lo toman como variable individual de un trabajador específico, sin explicar cómo se expresa este fenómeno en los niveles de equipo y organizacionales. A su vez, como antecedente, se encuentra que Marisa Salanova (2003) junto a su equipo de investigación fueron los primeros en proponer la medición del engagement colectivo en equipos de trabajo dentro de las empresas.

Metodológicamente, lo que hicieron fue tomar la definición original (Schaufeli et al., 2002) y sus tres dimensiones, vigor, dedicación y absorción y desarrollaron una herramienta psicométrica para observar estas tres dimensiones a nivel grupal: el vigor grupal, la dedicación del equipo hacia las tareas y la absorción focalizada que surge de la interacción entre los miembros cuando buscan alcanzar las metas.

Para explicar la existencia de este fenómeno interaccional, la autora parte de estudios de psicología social que muestran cómo las creencias comunes y las experiencias afectivas surgen entre las personas que trabajan juntas y muestran patrones cognitivos y de comportamiento similares (González-Romá, Peiró, Subirats y Mañas, 2000), o que sienten emociones colectivas compartidas (Barsade, 2002), o desarrollan creencias de eficacia colectiva (Bandura, 2001) o también cuando comparten tensiones laborales (Semmer et al., 1996).

También presentan dos razones (o procesos) para explicar este fenómeno colectivo entre compañeros de equipo: un proceso de impacto afectivo a partir de la influencia entre los estados de ánimo, a la vez que se contagian las emociones percibidas al ser parte de un mismo espacio de trabajo. Estos procesos pueden aplicarse al work-engagement, al considerar el contagio emocional como el principal mecanismo de influencia mutua. (Bakker et al., 2005)

Desde nuestro punto de vista, comprender que el work-engagement se contagia en un equipo de trabajo, mediante un proceso parecido al del "contagio emocional" entre personas que interactúan frecuentemente, es central para diseñar estrategias de intervención, ya que esto nos permite utilizar las mismas técnicas y herramientas que usamos para aumentar las emociones positivas, sólo que sostenidas en el tiempo (no como acciones aisladas) y de manera grupal (no a una sola persona).

De manera descriptiva, y tomando como base el UWES-HERO (Torrente, 2012), podemos afirmar que un equipo está *engaged*, si sus miembros sienten que, cuando interaccionan buscando lograr objetivos en común…

a. …se perciben llenos de energía, pueden trabajar durante mucho tiempo sin parar, pueden sostener el esfuerzo cuando los resultados esperados no llegan o hay problemas, son persistentes al entregarse a tareas difíciles. (Vigor colectivo),

b. …se involucran en la resolución de problemas, son entusiastas, disfrutan trabajando juntos y se sienten muy motivados a hacer un buen trabajo (dedicación colectiva) y

c. …logran inmersión mental, concentración y foco, olvidando aquellos temas o problemas que no tengan que ver con la tarea a realizar, a la vez que experimentan el "flow" colectivo.

También estos mismos autores han investigado otros factores psico-sociales de los equipos engaged. Entre ellos, se destaca la importancia del liderazgo transformacional para lograr engagement grupal (Cruz-Ortiz et al, 2013).

Más adelante definiremos y mostraremos investigaciones locales e internacionales que ilustran el concepto de liderazgo transformacional. Por ahora, lo citamos como una de las principales causas del engagement colectivo, a partir de una de las principales conclusiones de estos estudios: Un equipo cuyo líder tenga características transformacionales, tendrá más posibilidades de desarrollar vigor, dedicación y absorción con la tarea.

También, mostraremos cómo se produce este fenómeno, a partir de entender al liderazgo como un recurso psico-social que tiene un trabajador para poder afrontar las dificultades y exigencias del puesto, pero, mientras tanto, podemos decir que un líder transformacional logra motivar a su equipo al conectarlos con una percepción de valor y trascendencia de la tarea superior al que cada miembro del grupo tiene individualmente. Este valor percibido aumenta la capacidad de esfuerzo del trabajador, al generar nuevas expectativas positivas de futuro.

A su vez, en tanto el engagement colectivo tiene como base un esquema mental colectivo o creencias colectivas (Barsade, 2002; González-Romá, Peiró, Subirats y Mañas, 2000), y tomando como antecedentes que una de las principales causas del work-engagement es la creencia de eficacia (expresada cognitivamente bajo la formulación mental: "yo puedo") (Bandura, 2001), podemos inferir que las creencias de eficacia colectiva (aquí la creencia de ese grupo sería: "nosotros podemos"), pueden estar en la base del engagement grupal.

Por ello, trabajar con herramientas que aumenten la eficacia percibida de manera grupal, aumentaría las expectativas positivas de éxito y esfuerzo compartido para lograrlo. Así, estas expectativas de poder compartidas facilitan una conexión comprometida con la tarea.

Por ejemplo: un equipo cuyo lider logra transmitirles mensajes con contenidos que hagan alusión a: "la tarea es difícil, pero nosotros podemos lograrlo, porque tenemos los recursos y la capacidad para hacerlo", está generando autoeficacia colectiva. El equipo, si crée en estas palabras, se entrega voluntariamente a la resolución de las tareas y cuando aparecen dificultades, las vence porque su convicción de "que pueden lograrlo" es tan alta que busca alternativas, aprende, innova y sostiene su esfuerzo hasta que lograr comprobar esa creencia de base transmitida por su líder: "nosotros podemos".

Agrego aquí que este ejemplo no sirve de modelo para metas "objetivamente imposibles" y líderes con delirios optimistas que no cuidan a sus colaborades.

En términos teóricos, quien ocupe un lugar de líder está en inmejorables condiciones para "contagiar" engagement colectivo en su gente, a partir de la convergencia emocional (Hatfield et al., 1994), ya que está en una posición privilegiada para beneficiarse de los tres fenómenos que posibilitan esta convergencia: a. la influencia, b. la persuación social y c. el modelado conductual (Kelly & Barsade, 2001).

La cohesión grupal y la sensación de unión como recursos.

Otra variable que recomendamos tener en cuenta, desde el punto de vista de la productividad grupal y el bienestar emocional, es la cohesión grupal. Según una definición clásica, la cohesión es el grado en que los miembros de un grupo se sienten unidos unos con otros y están motivados para permanecer en el grupo (Robbins, 2004). En las investigaciones hay consenso en afirmar que cuando los niveles de cohesión son altos, aumenta la productividad. (Podsakoff et al., 1997). A su vez, un bajo grado de cohesión hace que los miembros pierdan interés en participar de ese grupo. Actualmente, también se han encontrado evidencias respecto del impacto de la cohesión en el desempeño creativo, mediado por el engagement grupal (Rodriguez et al. 2017).

Para aumentar los niveles de cohesión, las recomendaciones generales giran en torno a (Basado en: Ivancevich et al., 2006):

— Buscar acuerdo sobre las metas grupales.

— Aumentar la frecuencia de interacción entre los miembros.

— Reducir la cantidad de integrantes.

— Aislar socialmente al grupo de otros grupos.

— Asignar recompensas grupales y no individuales.

También puede pasar que existan grupos con objetivos contrarios a la organización. En tal caso, desde la perspectiva de la dirección, se hace necesario diluir la potencia de esos grupos, y para ello, las sugerencias giran en torno a realizar las conductas contrarias a las arriba recomendadas, a los fines de disminuir la cohesión grupal.

A estas sugerencias clásicas para gestionar la cohesión, agregamos la recomendación de que el líder monitoree permanentemente (y no eventualmente) el nivel de cohesión de su grupo. En atención a esto, desde el ámbito de la consultoría empresarial, hemos diseñado un instrumento de medición rápida, que tiene como fortaleza, la velocidad de uso y la posibilidad inmediata de detectar el punto a mejorar, si se quiere aumentar los niveles de cohesión.

Evaluación de los niveles de cohesión grupal

Tomando como criterio conceptual la definición de cohesión, desarrollamos un cuestionario de cohesión grupal, de cinco items, y luego de haberla usado para varios grupos, en distintas empresas, lo presentamos aquí para quien quiera investigar sobre este tema o mejorar sus habilidades de intervención. A su vez, haremos algunos comentarios sobre un caso real donde fue utilizado, como complemento a una intervención llevada a cabo para mejorar el clima socioemocional.

Estas dimensiones son:

a. frecuencia de interacción,

b. nivel de acuerdo,

c. agrado por el equipo,

d. cooperación y

e. percepción de unión.

Figura 1. Cuestionario de Cohesión Grupal (Spontón & Castellano, 2017)

Cuestionario de Cohesión Grupal

(Spontón & Castellano, 2017)

Piense en las personas que conforman su equipo de trabajo y valore las siguientes afirmaciones, de 1 a 5, en función del acuerdo que usted tenga con cada afirmación:

TABLA DE RESPUESTAS:

Muy en Desacuerdo	En Desacuerdo	Ni de acuerdo ni en desacuerdo	De Acuerdo	Muy de Acuerdo
1	2	3	4	5

1. Tenemos una buena frecuencia de interacción entre nosotros.

1	2	3	4	5

2. Todos acordamos en las metas y objetivos.

1	2	3	4	5

3. Me agradan y me resulta placentero estar con este grupo de trabajo.

1	2	3	4	5

4. Existe un buen nivel de cooperación entre nosotros.

1	2	3	4	5

5. Experimento un nivel placentero de "unión" y la sensación de que el "nosotros" está por encima del "yo" cuando interactuamos.

1	2	3	4	5

Fuente: Spontón & Castellano, 2017. Análisis de un caso de consultoría e intervenciones positivas grupales.

Comentarios sobre un caso de consultoría:

Mediante una entrevista con la responsable de capacitaciones y clima organizacional de una empresa multinacional de servicios (que, en su sede cordobesa tiene mas de 800 empleados), desde el área de RRHH, nos solicitan una intervención psicosocial, para ayudar al responsable del área a mejorar los niveles de clima socioemocional de dicha área. Nos comentan que él había solicitado ayuda a RRHH para "gestionar los conflictos que estaba teniendo con su equipo de trabajo, las discusiones y que no podía hacer que se lleven bien, sobretodo, durante el último año".

En un segundo paso, en la entrevista con él, nos cuenta que está a cargo del equipo (compuesto por seis personas) desde hace un año y relata algunas situaciones de malestar entre los miembros, discusiones, falta de ayuda mutua, y malos gestos. Frente a esto, pide herramientas de management para gestionar la diversidad grupal, ya que hay miembros que están hace mucho en el área y otros que entraron el año pasado. En la parte final de la entrevista, se acuerda con él, establecer un programa de acciones para mejorar el clima grupal y mejorar su capacidad de liderazgo y gestión de conflictos interpersonales.

El se muestra de acuerdo y como paso siguiente, a los fines de escuchar la opinión de los demás miembros del grupo, se los entrevista uno a uno, y dentro de estas sesiones se les administra algunos protocolos cuantitativos para documentar la percepción y opinión que ellos tienen respecto de sus aportes, emociones y su participación en el grupo.

Entre estos documentos, administramos el cuestionario de cohesión grupal a cada uno de ellos(Spontón & Castellano, 2017) y usamos los resultados durante el workshop diseñado para mejorar los niveles de conectividad entre ellos. Abajo se muestran los resultados del cuestionario, donde se pueden observar los valores de cohesión, según la propia valoración de todos los miembros.

Figura 2. Niveles de cohesión grupal. Area AAA. Empresa de servicios.

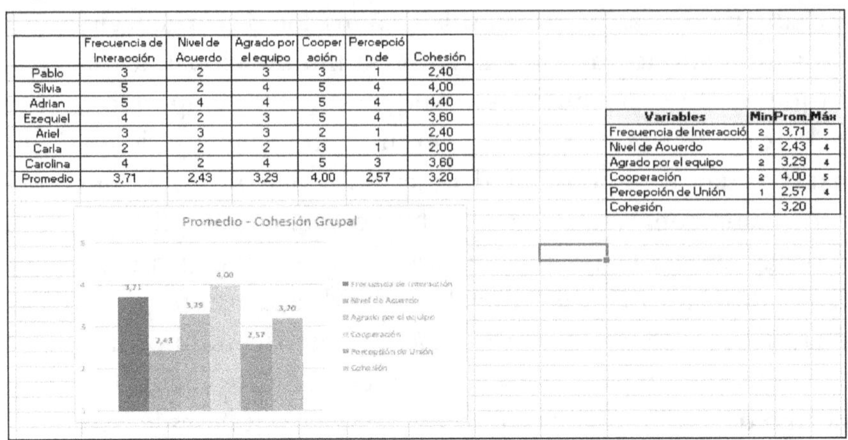

	Frecuencia de Interacción	Nivel de Acuerdo	Agrado por el equipo	Cooperación	Percepción de	Cohesión
Pablo	3	2	3	3	1	2,40
Silvia	5	2	4	5	4	4,00
Adrian	5	4	4	5	4	4,40
Ezequiel	4	2	3	5	4	3,60
Ariel	3	3	3	2	1	2,40
Carla	2	2	2	3	1	2,00
Carolina	4	2	4	5	3	3,60
Promedio	3,71	2,43	3,29	4,00	2,57	3,20

Variables	Min	Prom.	Máx
Frecuencia de Interacció	2	3,71	5
Nivel de Acuerdo	2	2,43	4
Agrado por el equipo	2	3,29	4
Cooperación	2	4,00	5
Percepción de Unión	1	2,57	4
Cohesión		3,20	

Fuente: Spontón & Castellano, 2017. Análisis de un caso de consultoría e intervenciones positivas grupales.

En el workshop, previa preparación emocional y en medio de dinámicas de conectividad entre ellos, se les muestra estos resultados. En este caso, que todos los miembros del equipo puedan ver los resultados promedios (por ejemplo: el promedio de frecuencia de interacción fue 3.71) y los valores mínimos y máximos asignados para ver los extremos perceptivos (por ejemplo: de frecuencia de interacción, alguien le asignó un 2 y otra persona un 5), fue la herramienta que nos permitió abrir el diálogo a niveles de profundidad no alcanzados todavía en la historia de ese grupo.

Como dinámica general, les mostramos el resultado de cada ítem en una pantalla y les preguntamos, según su opinión (habiendo validado la necesidad de respetar la opinión del compañero, sin necesidad de estar de acuerdo ni de tener que convencerlo de la opinión propia):

a. qué factores pueden estar expresados detrás de esa valoración y b. qué acciones podríamos ejecutar para mejorar estos valores.

Equipos de alta satisfacción y alto desempeño.

Aquí haremos una referencia breve al concepto de desempeño, llevado al campo de los equipos en las empresas. Luego definiremos la conectividad humana y sus componentes, el fenómeno de la positividad emocional que caracteriza a los equipos de alto desempeño (EAD) y una breve mención al ideal del flow en la interacción laboral.

Según Charbonnier-Voirin & Roussel (2012)…

"El desempeño individual en el lugar de trabajo (job-performance) tradicionalmente fue definido en términos de un solo indicador global con un conjunto de criterios asociados que reflejan el éxito profesional (Bingham,1926; Nagle, 1953) o el logro de objetivos establecidos (Bailey, 1983). Los criterios utilizados con más frecuencia incluyen productividad, ventas y / o la calidad de los bienes y servicios.

Definido de esta manera, el rendimiento es como una "caja negra" similar a la eficiencia, donde el enfoque se centra únicamente en los resultados. Estas deficiencias dieron lugar a un estudio más profundo del concepto de rendimiento a partir de principios de la década de 1990, que arrojó avances significativos …de modo que el desempeño ahora se considera explícitamente como un constructo multidimensional que refleja la totalidad de comportamientos o acciones individuales requeridas para lograr los objetivos de un organización… Entre los modelos multifactoriales de desempeño laboral, Borman y Motowidlo (1993) hicieron una distinción entre la tarea y el desempeño contextual que ha atraído una gran atención de investigación…"

Este desempeño dividido en a. tarea y b. contextual, también se denomina: in-rol (tareas especificadas en el job description) y extra rol (otras tareas no específicas de su puesto, pero que si la persona las realiza voluntariamente, aportan al resultado final).

Desde nuestra experiencia como consultores, esta distinción, que a la vez que agrega complejidad (Morín, 2009) a la comprensión del desempeño, es una primer herramienta para entender los aportes mutuos que se pueden hacer los compañeros de trabajo, cuando se dan cuenta que la colaboración implica realizar tareas que en un principio no esperaba tener que realizar. Allí se empieza a generar la sensación interna de cohesión y las ganas de "armar equipo", a partir de la ayuda mutua y las tareas extra-rol que, al realizarlas, le quitan carga a los compañeros que se ven beneficiados y, a partir de esto, se genera un espiral positivo de gratitud que está en la génesis de los equipos de trabajo.

Habiendo llegado a este punto, nos interesa agregar que; un enfoque que busque comprender el "desempeño de un equipo" tomado como unidad de análisis tiene que aceptar esta complejidad que plantean quienes han estudiado el desempeño individual. Atender la existencia de esta complejidad tiene implicancias prácticas. Por ejemplo, es más frecuente encontrar en las empresas procesos de "evaluación de desempeño" que miden el rendimiento y los logros de un trabajador específico que procesos que midan el desempeño colectivo producto de la interacción de varias personas, y no sólo la suma de los aportes individuales. En general, para medir el desempeño de un área, se suman o se promedian los niveles de desempeño individuales de cada miembro, y se contrasta con los indicadores de resultados, logros u alcance de objetivos que haya desarrollado esa empresa para esa área, pero, no hemos encontrado tantos avances en la evaluación de la interacción y la dinámica comportamental propia de cada equipo.

Desde este ángulo, el objeto de interés puede ser formulado así: "¿Cómo convertir un grupo de trabajadores que tienen cada uno niveles altos de desempeño en un equipo de alto desempeño con esos mismos trabajadores?". Damos por supuesto que quien está leyendo esto, conoce la clásica distinción entre conjunto, grupos y equipos, donde el colectivo en cuestión tiene que adoptar características de eficiencia para poder llamarse equipo, más allá del hecho de compartir objetivos comunes e interactuar para lograrlos que caracteriza a un grupo (Robbins, 2004; Kasentbach, 2000).

Con foco más específico en el análisis de equipos empresariales, se acostumbra caracterizarlos mediante la diferenciación entre "bajo, medio o alto desempeño", según sus niveles de productividad y logros, tomando en consideración la tendencia sostenida en el tiempo a mantener la calidad en sus outputs (productos o servicios).

El valor de destacar los niveles de desempeño esta fundada en la importancia que se le concede actualmente a la participación de los equipos (versus las individualidades) en el éxito organizacional y de allí la necesidad de generar las condiciones para que existan equipos de alto desempeño (EAD) (Gil et al., 2008).

Como ejemplo de estudios sobre la complejidad aplicados al campo empresarial, presentamos aquí un concepto que busca explicar el comportamiento de un equipo a partir de destacar algunas variables comportamentales observadas en las reuniones de trabajo.

Para ello, seguimos las ideas de un doctor en psicología organizacional, Marcial Losada que luego de observar durante algunos años la interacción humana en las sesiones de brainstorming, planificación estratégica y construcción conjunta de la misión y objetivos de la empresa (Lo hacía en un espacio denominado el Capture Lab. Este laboratorio comportamental es una sala de observación, con un espejo de una cara, computadoras, equipos de grabación de video y audio y observadores entrenados en la conducta y el lenguaje humano, lugar desde el cual se diseñó un modelo que denominó MetaLearning) postuló que la variable que más predice el alto desempeño de los equipos ejecutivos es "la conectividad". (Losada, 1999), variable cuya definición daremos más abajo.

Para evaluar a estos equipos, tomó tres indicadores de desempeño: rentabilidad, satisfacción del cliente (internos y externos de ese equipo y feedback 360° entre los miembros del mismo sobre satisfacción y variables comunicacionales. Con esta información, los separó entre bajo, medio y alto desempeño, para luego observar los patrones dinámicos de funcionamiento grupal entre ellos (Losada, 1999; Losada & Heaphy, 2004; Fredrickson & Losada, 2005).

La conectividad en los equipos humanos.

Un valor que agrega este estudio, en nuestra opinión, está dado por el aporte a la necesidad de mejorar la capacidad explicativa y predictiva de la teoría existente sobre dinámica de equipos empresariales, ya que la mayoría de los estudios no tienen en cuenta la real complejidad del fenómeno interaccional entre miembros de un equipo de trabajo. Sostenemos esta opinión, aún conociendo las críticas que actualmente se le realizan actualmente a los aportes teóricos-metodológicos de Losada (Brown et al. 2013).

En tal sentido, desde el paradigma de la complejidad (Morin, 2009) se afirma que aumenta la probabilidad de predecir el funcionamiento futuro de un equipo si se lo entiende como un sistema dinámico, abierto y adaptativo, donde los elementos de ese sistema se influyen permanentemente y varían su comportamiento a partir de la frecuencia, intensidad y otras características dinámicas propias de estos sistemas que hacen difícil predecir su comportamiento futuro, a la vez que está en permanente interacción con otros sistemas del entorno.

Sintéticamente, a partir de estudios mediados por ordenadores y metodologías matemáticas, Losada tomó al "acto del habla" como unidad de análisis dentro de las interacciones en las sesiones. A partir de allí definió la conectividad como "la calidad de las interacciones" entre los miembros de un equipo, dentro de la reunión. Y las tres dimensiones bipolares que componen esta conectividad, según Losada (2004), son: Positividad/negatividad, indagar/abogar y Otro (foco externo)/sí mismo (foco interno).

- Indagar: Es el acto del habla que busca explorar, preguntar y examinar la posición del otro.

– Abogar: Es el acto del habla que busca argumentar y defender el punto de vista personal.

– Positivo: Es el acto del habla que muestra apoyo, aliento o aprecio (por ejemplo: "es una buena idea").

– Negativo: Es el acto del habla que expresa desaprobación (por ejemplo: "esa es la peor idea que escuché en mi vida"), sarcasmo o cinismo.

– Foco externo: Es el acto del habla referido a personas, o grupos u organizaciones que están fuera de esa reunión.

– Foco interno: Es el acto del habla referido a la persona que está hablando o al grupo presente o a la organización.

¿Por qué seleccionó estas variables?

Según afirma (1999, página 181):

a. el equilibrio entre indagar y abogar está basado en trabajos pioneros de Argyris & Schón (1978) citados por Peter Senge en su libro, La quinta Disciplina (1990).

2. el equilibrio entre el Foco interno (Self) y Foco externo (Otro) está relacionado con el rol destacado que tiene el "la mirada hacia el ambiente" y "hacia el interior" para realizar un plan estratégico que contemple información válida al momento de tomar decisiones, ya que de esta manera se pueden identificar las oportunidades y amenazas, (foco externo) a la vez que se pueden detectar las fortalezas y debilidades (foco interno). Agregamos aquí que los análisis FODA o DAFO son una herramienta clásica en el management contemporáneo.

   Para mayor información: (https://es.wikipedia.org/wiki/An%C3%A1lisis_DAFO).

c. El desequilibrio entre la connotación positiva y negativa en los actos del habla: para este concepto, toma la manera en que "Positivo vs. Negativo" fue utilizado para codificar los mensajes en pequeños grupos, de Bales

(1950, 1979) y la manera en que el mismo concepto fue (y es) utilizado en psicología clínica de parejas por Gottman et al (1977, 1982, 1994).

A partir de estas variables, y más concretamente, a partir de su interpretación sobre los resultados de este tipo de análisis complejo, sostiene que pudieron observar cómo la positividad y la negatividad experimentada en la interacción funciona como un sistema de feedback que genera un espacio emocional particular que tiene a su vez como resultado, diferentes niveles de productividad del equipo (y de allí los equipos de bajo, medio y alto desempeño). (Losada, 1999).

Según estos resultados, en un EAD, existe un equilibrio entre indagar vs. Abogar, un marcado desequilibrio entre Positivo y Negativo y un equilibrio entre el foco externo y el foco interno, en las interacciones.

A su vez, para explicar la importancia de ese espacio emocional, plantea, a partir de complementar sus ideas con investigaciones surgidas en el marco de la psicología positiva, por ejemplo en el paper conjunto con Bárbara Fredrickson, (2005), un ratio de positividad/negatividad que predice el AD. Le llamó: Losada Line.

La positividad emocional y el alto desempeño.

La principal conclusión de estos estudios fue que un equipo de bajo desempeño muestra, en la linea Losada, un valor bajo (por debajo de 1 a 1 en positividad/negatividad), en comparación con los equipos de medio desempeño (apenas por encima del de bajo desempeño, alrededor de 2 a 1), y un equipo de alto desempeño muestra niveles más altos en este ratio (6 a 1 en positividad).

Este 6:1 generaría el campo emocional adecuado (Fredrickson, 2009) para que los miembros del equipo puedan mantenerse conectados con consecuencias favorables para ellos mismos (por ejemplo: alto bienestar) y para los resultados del equipo.

A su vez, más allá de las actuales y fructíferas discusiones teóricas (como las que se generaron a partir del año 2013 con la publicación del paper presentado en la American Psychological Association (Brown et al. 2013) criticando la validez del ratio losada), hasta que exista más evidencia al respecto, uno puede seguir usando estas ideas como un "toy model", rescatando su valor metafórico, sin quitarle, por ello, menor importancia a su potencial pragmático, a la hora de intervenir para mejorar el bienestar y el desempeño de un equipo, hasta que dispongamos de modelos mejor validados.

En la base de estas conclusiones está la interpretación que hacen estos autores de la teoría de la positividad, (Seligman, 2000, Fredrickson 2009) y las ideas evolucionistas sobre las emociones positivas y negativas (Watson et al, 1988).

Aquí, en el campo de la psicología positiva y las emociones positivas, entendidas desde una perspectiva evolucionista, encontramos niveles más altos de validez y confiabilidad (Fredrickson & Kok, 2018). A su vez, dada la cantidad de evidencia surgida en el campo de la psicología clínica e individual, sugerimos utilizar también estos conceptos en el campo organizacional, para mejorar la calidad de las dinámicas interaccionales.

Finalmente, se puede afirmar que un equipo de trabajo que esté caracterizado por interacciones donde todos los compañeros puedan decir que experimentan alegría, gratitud, serenidad, inspiración y orgullo por el trabajo que hacen, va a tener altos niveles de conectividad y por consiguiente, alto desempeño, siempre con una base de conocimientos técnicos sólidos y un buen lider que les marque el camino.

El ideal del Flow colectivo.

Una figura generalmente utilizada para expresar el excelente funcionamiento de un equipo es la del remo deportivo, donde varias personas, los remeros, con muchas horas de entrenamiento conjunto, coordinan perfectamente para deslizar el bote a alta velocidad "fluyendo" sobre el agua, en línea directa hacia el objetivo, repartiendo las cargas, y, al estar coordinados por uno de ellos que es el líder, se genera una sinergia que multiplica los aportes que surgen del esfuerzo individual, apareciendo como consecuencia, el alto desempeño.

Simbólicamente, ese es el sueño de todo manager: que su equipo "fluya" a gran velocidad para lograr los objetivos. Lamentablemente, hemos visto que no es tan frecuente. Pero es posible. Según lo que vimos arriba, a partir de la cohesión grupal y la conectividad se logra el alto desempeño. Y a partir de una buena proporción de emociones positivas, se logra la conectividad y la cohesión.

A su vez, ya se conoce que la "emoción más positiva posible" es el Flow, definido como una experiencia de alto disfrute y alta concentración focalizada (Rodríguez-Sánchez, A, Cifré, E., 2012).

Básicamente, el Flow, o experiencia de fluidez, llevado al campo del trabajo, puede ser entendido como un estado en el cual la persona se siente realizada, concentrada, deja de percibir sus problemas y dolencias, activa sus mejores competencias para resolver la tarea que a su vez es compleja, siente tranquilidad en que puede resolverla, aunque aparezcan dificultades y pierde la noción del tiempo, producto de la alta concentración y foco dedicado a resolver los desafíos presentes (Csikszentmihalyi, 2016).

También, hemos visto cómo un equipo puede desarrollar engagement colectivo a partir del alto vigor, dedicación y absorción en la tarea. A veces, gráficamente, nos gusta pensar que, en tanto ambas experiencias son de alto bienestar experimentado, comparando ambas, "el flow" es el pico máximo del engagement y el engagement es un flow menos intenso emocionalmente, pero más sostenido en el tiempo.

Llevado al campo de los equipos empresariales, y dadas las condiciones de contagio emocional, podemos decir que, si bien está planteado como un estado ideal, poco frecuente, el flow colectivo es posible. Para ello se deben dar algunas condiciones, por ejemplo, el desarrollo de los recursos motivacionales, que veremos en el apartado correspondiente.

> Evalua a tu equipo de trabajo y sus emociones y el desempeño actual y responde a las siguientes preguntas:
>
> a. ¿a qué distancia están de lograr el flow colectivo?
> b. ¿cómo se vería beneficiado el equipo?
> c. ¿Qué cambiarías en la forma de trabajo para que aumente el flow colectivo?
> d. ¿Qué intervención harías para facilitar el contagio de emociones positivas?

Impacto de las emociones positivas en las reuniones de trabajo. Diseño de reuniones con alto bienestar y alta satisfacción

A continuación, se muestran algunos ejemplos de intervenciones psicosociales con foco en el equipo. Las mismas han sido realizadas en el ámbito de la consultoría organizacional, para mejorar algunas variables que aumentan el bienestar, la satisfacción y el desempeño en espacios empresariales.

Intervenciones positivas en las reuniones de trabajo

Bajo el término "intervenciones positivas" se engloban las estrategias focalizadas en empleados, equipos y organizaciones que mejoran el desempeño, la salud y la motivación, promoviendo la calidad y excelencia organizacional (Salanova et al., 2013). Estas estrategias, con sustento en la psicología positiva (Seligman & Csikszentmihalyi, 2000) buscan no solo solucionar lo que está defectuoso, sino también ampliar, aumentar o mejorar lo que está bien a los fines de optimizar para llegar a los niveles más altos posibles de salud, motivación y excelencia en el desempeño profesional. A estas estrategias de ampliación, en el ámbito de la salud ocupacional se las define como: intervenciones positivas que promueven, aumentan y favorecen la salud y el bienestar de personas, equipos y organizaciones. Aquellos que quieran implementarlas tienen que considerar que tienen tres características principales:
1. son holisticas: el foco de intervención está en la salud y el bienestar global de las personas, grupos u organizaciones.
2. inclusivas: se incluye en estas estrategias a todos los miembros de la empresa, operarios, mandos medios, directivos, etc.
3. largo plazo: son sostenibles en el tiempo, en tanto la misión de la empresa esté dispuesta a realizar esfuerzos continuos y sostenidos para implementar estas estrategias de ampliación en salud (Salanova et al., 2009).

Las siguientes intervenciones y herramientas que describimos aquí son ejemplos extraídos de casos reales, con equipos que se ofrecieron a probar e implementar estas intervenciones.

El objetivo de describirlas aquí es que el lector pueda llevarse una idea cabal de lo que significan las intervenciones positivas grupales y se anime a diseñarlas y ejecutarlas en su práctica profesional.

En estos ejemplos, se puede observar las tres características de las intervenciones positivas efectivas: a. ampliación en salud y mejora de prácticas para buscar la excelencia, b. inclusión de todos los participantes en el proceso de intervención y c. la repetición sostenida de las herramientas para generar hábitos sostenibles en un mediano y largo plazo.

Intervención para aumentar la conectividad en un equipo

A continuación, se ofrece como ejemplo de este tipo de herramientas una planilla diseñada ad hoc que formó parte de una intervención grupal en una empresa familiar en la cual se detectó una importante necesidad de mejora en las reuniones de directorio. Como uno de los objetivos era mejorar los niveles de conectividad a partir de una metodología de intervención positiva grupal denominada "team coaching", se llevaron a cabo cuatro reuniones, todas ellas evaluadas con esta planilla.

Aclaramos aquí que la ofrecemos a los lectores por dos razones:

1. Para que la puedan usar como referencia, si la consideran útil, aplicando las mejoras que consideren conveniente, a la vez, que puede servir a los fines de investigación, para recabar datos respecto de intervenciones y dinámicas de reuniones.
2. Porque es la primer planilla de recolección de datos que usamos para evaluar conectividad, con formato papel y lapiz (ahora la realizamos con formato digital), y sirve para ilustrar cuan simple puede ser recabar estos datos, habiendo generado las condiciones propicias para hacerlo.

Figura 1. Ejemplo de Planilla para evaluar la reunión.

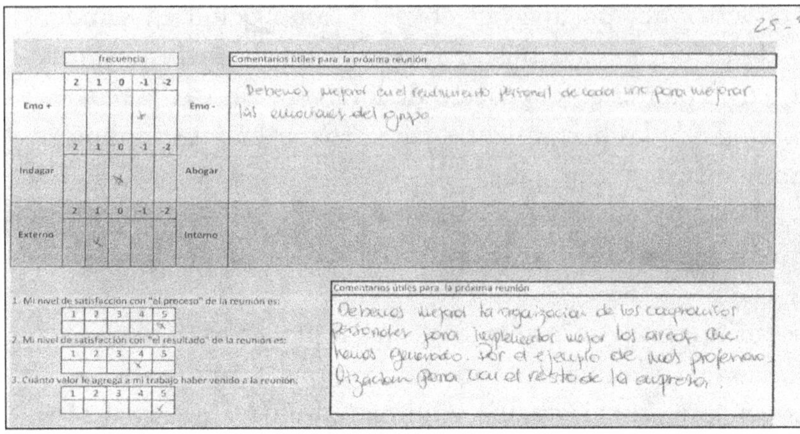

Fuente: Spontón, Castellano (2017). Estudio de caso de consultoría. Metodología Team Coaching.

En esa planilla, una vez terminada la reunión, y habiendo acordado con los participantes que se iba a usar para medirla, según la consigna de la metodología "Team coaching", cada uno de ellos asignaba valores subjetivos, según haya sido su experiencia durante el transcurso de la misma.

Tal como se puede observar, hay espacios para evaluar las tres variables bidimensionales de la conectividad: (emociones positivas y negativas, indagar y abogar y también foco externo y foco interno).

En tanto dimensiones opuestas, se le asigna un valor cuantitativo (de +2 a -2) y cualitativo (comentarios específicos). En este caso, se puede observar cómo son usados los apartados con el título de: "comentarios útiles para la próxima reunión".

También, abajo a la izquierda, se les pide que indiquen el nivel de satisfacción, tanto con el proceso como el resultado de la reunión y más abajo, cual es el valor que la reunión le agrega a su trabajo.

A su vez, se deja un espacio para que la persona escriba comentarios útiles para la próxima reunión.

Estos comentarios son recopilados por el consultor (quien observa la reunión, recoge los datos y da feedback a los participantes) y compartidos con todos apenas empieza la siguiente reunión.

Esta simple acción genera conciencia y foco sobre la necesidad de conectarse emocionalmente con los demás para mejorar los aportes, ya que al ser presentado al principio de la reunión, estos valores y comentarios quedan operando desde la "memoria de trabajo (Baddeley, A. & Hitch, G. 1974; Baddeley, A., 2012)".

Que la información esté en la memoria de trabajo de los participantes es un cambio simple y a la vez efectivo, ya que hace más probable el hecho de que los participantes estén atentos y motivados a cuidar las conductas positivas.

Intervención para aumentar la capacidad innovadora en las reuniones ejecutivas

A continuación, se relata un caso grupal donde se utilizó una metodología de observación, participación e intervenciones directas sobre reuniones de mandos medios, junto con el líder del área. En este caso, las mejoras estuvieron basadas principalmente en a. el feedback inmediato al líder y b. feedback a todos los participantes al comenzar cada una de las reuniones, entre otras herramientas.

En estas reuniones, la cantidad de participantes (de 7 a 17 según la fecha) demandaba un espíritu de mayor organización y estructura para que puedan lograrse los objetivos de quien la lideraba, declarados sintéticamente bajo la inquietud: "tenemos que innovar más".

Así, se acordó con él, instruir previamente a los participantes a sus comentarios y aportes siguiendo una determinada estructura que permita cuidar los objetivos de innovación que se había detectado en un diagnóstico anterior, como variable deficitaria.

Para que el lector se lleve una ilustración completa de la herramienta, destacamos aquí:

a. los objetivos de esta metodología,
b. una breve mención de las herramientas utilizadas,
c. c.los pedidos previos a cada reunión solicitados a cada participante, d.la forma de evaluar apenas termina la reunión,
d. e. el material teórico utilizado,
e. f. el feedback cruzado y finalmente,
f. g. un resumen del feedback final luego de implementar esta herramienta durante seis reuniones.

a. Objetivos:

El lider del equipo planteó la siguiente Inquietud: "Durante el año 2016 logramos aumentar los niveles de desempeño de las reuniones, a partir de hacer foco en los niveles de "colaboración, innovación, coordinación y eficiencia grupal".

De esas cuatro variables, las que nos dio más bajo fue: innovación. Por eso planteo la siguiente inquietud: ¿Podemos aumentar el nivel de innovación en las reuniones mensuales?"

A partir de la misma, se fijaron estos objetivos (coherentes con el material teórico, descripto en el punto e.)

El objetivo es que esta reunión sea un espacio para que podamos…

1. …*Observar* atentamente las actividades que se están realizando
2. …*Hacernos preguntas* que provean información para una mejor toma de decisiones.
3. …*Asociarnos* entre los diferentes actores y áreas.
4. …*Experimentar* nuevas ideas, modelos y herramientas de gestión.
5. …Favorecer la aparición de redes horizontales de trabajo (*networking*).

b. Breve mención de las herramientas utilizadas para lograr los objetivos:

A cada participante se los instruyó en los siguientes cuatro puntos:

1. Pedidos específicos,
2. Evaluación inmediata de cada reunión,
3. Material teórico utilizado: The Innovator's DNA (artículo de Harvard, 2009), y
4. Feedback cruzado.

1. Pedidos específicos:

Se le pide (inicialmente) a cada participante:

— Entregar su información organizada en tres slides (**IPO**): **I**nquietudes (lo que me preocupa o interesa traer a la reunión), **P**edidos (específicos que realice a los participantes) y **O**frecimientos (si los hubiere).

— Diseñar su participación mediante una reflexión previa que incluya la pregunta: ¿cómo puedo utilizar las recomendaciones The Innovator's DNA, para aportar a los objetivos de la reunión?

— Colaborar con los roles asignados (Coordinador, Cronos, Escriba)

— Apenas termine la reunión, dedicar cinco minutos a llenar la planilla de evaluación.

— Agendar con el compañero que le tocó, media hora para el "feedback cruzado", antes de la próxima.

2. Evaluación inmediata a cada reunión:

— Aquellos participantes que confirmen su asistencia en el calendario, tendrán acceso a un cuestionario (vía wattsap) que se completa al finalizar la reunión.

— Al comenzar la siguiente reunión, todos observan los resultados (anónimos) de la reunión anterior.

3. Material teórico utilizado:

The Innovator's DNA (artículo de Harvard, 2009). Para armar los objetivos se utilizó un artículo de una investigación en la cual se observó el comportamiento de 3000 gerentes durante seis años. Los autores concluyeron que las seis habilidades principales de los líderes innovadores son: *observar, cuestionar, asociar, experimentar y hacer networking*. Se tomaron estas habilidades como conductas a desarrollar por el equipo y de allí surgieron los objetivos de estas reuniones. En tal sentido, los objetivos quedaron formulados tal como se presentan arriba.

4. Feedback cruzado:

Al finalizar cada reunión, los participantes agendan con un compañero que le toca en suerte 20 minutos de conversación bajo la consigna siguiente:

a. ¿Qué feedback me podés dar sobre mis aportes a la reunión?
b. ¿Qué me sugerís para la próxima?
c. Otros Temas emergentes con actitud de "locus de control interno".

Luego rotan los roles.

Les pedimos a los participantes mantener una actitud respetuosa en esta conversación y entregar una foto que documente la existencia de esta entrevista.

Informe final del proceso de Meeting coaching:

Luego de seis reuniones mensuales se pudieron observar algunas mejoras en la innovación grupal.

Como ejemplo transcribimos el informe final entregado al lider y a los participantes, donde se evidencian las mejoras y los aspectos que todavía faltan mejorar.

Meeting Coaching: Informe entregado al líder y a su equipo

Reuniones innovadoras

A los fines de seguir mejorando nuestro desempeño en las reuniones mensuales de niveles XX y XXX del Area X, se describen las mejoras encontradas en la última reunión, del día miércoles XXX .

Cuadro 1. Tabla de resultados de las "reuniones innovadoras"

		Hemos logrado					Satisfacción		Valor agregado
		Asociar	cuestionar	observar	experimentar	networking	proceso	resultado	
(N=11)	Reunión 1	3,86	3,79	3,50	3,21	3,64	3,71	3,71	3,93
(n=7)	Reunion 2	3,50	3,00	3,88	2,38	3,38	3,25	3,75	3,88
(n=9)	Reunion3	3,44	3,33	3,56	2,89	3,44	3,67	3,44	3,44
(n=6)	Reunión 4	3,60	3,37	3,64	2,83	3,49	3,54	3,64	3,75
(n=12)	Reunión 5	3,83	3,00	3,75	2,92	3,42	3,58	3,42	3,58
(n=17)	Reunión 6	4,06	3,65	3,94	3,06	3,94	4,06	4,06	3,82

Fuente: Spontón, Medrano. Meeting Coaching (2017)

Como se puede apreciar en la tabla de arriba, hemos mejorado muchísimo en la última reunión, sobretodo, en los niveles de satisfacción con el proceso y el resultado. Esto trae aparejado como consecuencia que aumente también el "valor que la reunión le agrega a mi trabajo" en el VIIP.

Mis recomendaciones generales (fueron) son las siguientes:
1. Realizar el feedback horizontal con el espíritu de ayudar a mi compañero a partir de "mi mirada y mis juicios". Recuerden mandar la foto como "evidencia" de este encuentro.

2. Preparar las IPO para presentar al equipo. No olviden estar atentos al tiempo de uso. El criterio es: "Si me paso del tiempo, estoy usando el tiempo de algún compañero". ¡¡Gracias Agustina por ayudarnos con la gestión del tiempo en la reunión 6!!

3. Agrego esta inquietud: para la próxima reunión tenemos que estar atentos a "cuidar al compañero y tenernos paciencia". Este tema salió como un común denominador en las presentaciones. En tal sentido, les pido que cuando armen las presentaciones lo hagan bajo la siguiente pregunta: "Esto que voy a presentar, le agrega valor a mis compañeros y a mí?". Si lo logramos, vamos a llegar al "cuatro" en el ítem "Valor que la reunión le agrega a mi trabajo".

¡¡¡Muchas gracias y seguimos avanzando!!!

2.1.3. Modelo general de mejora: Las reuniones entendidas como un proceso

A partir de la experiencia acumulada en más de 15 años de trabajo ininterrumpido con equipos y organizaciones laborales (públicas y privadas) hemos detectado una constante: casi todos los trabajadores se quejan de las reuniones de su empresa. Tanto los directivos ("no veo participación en la reunión, no aportan nada nuevo"), como los mandos medios ("no tengo tiempo para estas reuniones tan largas e improductivas", "me llenan de reuniones") como en diferentes puestos operativos ("para que me llaman, si ya está todo decidido", "acá no te dejan participar", "para qué me hacen ir a las reuniones, yo vengo a laburar"), la constante, bajo distintas verbalizaciones, se repite: baja satisfacción con las reuniones a la vez que es percibida como improductiva.

Este tipo de situaciones, para nosotros, como consultores, se puede transformar rápidamente en una oportunidad. Por ejemplo, en el caso específico de las reuniones ejecutivas, nos dimos cuenta que aportando herramientas ajustadas a la cultura de la empresa podíamos intervenir psicosocialmente en el mismo momento en que se lleva a cabo la reunión, aumentando la satisfacción y la eficiencia, de manera notable, en muchos casos.

Producto de esta experiencia, proponemos que, aquel que quiera mejorar su experiencia en futuras reuniones (sea desde el rol consultor, directivo, mando medio u operario calificado), utilice, como fundamento de cualquier técnica que se quiera inventar o mejorar, la división conceptual de la reunión en tres partes. Para eso hay que entenderla como un proceso, tal como sugiere la teoría de los sistemas cuando se requiere abordar a los procesos dinámicos y sus componentes. Por ejemplo:

a. input: preparación de la reunión,
b. el proceso: reunión propiamente dicha y
c. output: resultado, entregable de la reunión.

Esta simple separación, al momento previo de diseñar la reunión, ya genera mejoras.

Gestión de los recursos motivacionales de equipo y su impacto en la conectividad y en la satisfacción con las reuniones laborales

A partir de la teoría Demandas/Recursos (Bakker, 2008), se entiende que la mejora en el bienestar está dada por la percepción que el trabajador tiene respecto de si cuenta con los recursos necesarios para hacer su trabajo. De ser así, aumenta su motivación y deseo de éxito. A su vez, uno de los principales recursos, según nuestra última investigación, algunos de cuyos datos mostraremos más abajo, vienen de la relación que un trabajador tenga con su equipo habitual de trabajo (Spontón et al. En prensa). Según estos datos, si uno quiere que exista más emociones positivas relacionadas al buen desempeño, la clave está en detectar los niveles de satisfacción que un trabajador tiene respecto de estos recursos. Y de 16 recursos estudiados, haremos referencia aquí a los cuatro que tienen relación con el equipo de trabajo. También mostraremos cómo hicimos para aumentar estos recursos a partir de intervenir las reuniones ejecutivas de un equipo empresarial.

2.2.1. Los cuatro recursos motivacionales de equipo: colaboración, creatividad grupal, coordinación y eficiencia grupal

Según los resultados de una encuesta que hicimos en siete ciudades argentinas (N=1045) desde el Observatorio de Tendencias Sociales y Empresariales, para evaluar los factores motivacionales asociados al alto bienestar y el alto desempeño, a fines del año 2016, existen cuatro variables vinculadas al trabajo en equipo que mejoran la motivación y el desempeño de los trabajadores.

Ellas son: la Colaboración, Creatividad grupal, la Coordinación y la Eficiencia grupal

Operativamente, hemos definido estos recursos de equipo utilizando un cuestionario con items que evaluaban el grado de acuerdo con afirmaciones como las siguientes:

En mi equipo de trabajo…

- "existe ayuda mutua entre personas y áreas" (colaboración),

- "surgen buenas ideas producto de la interacción" (creatividad grupal),

- "nos organizamos bien" (coordinación) y

- "logramos los objetivos de la reunión optimizando el uso de recursos", (eficiencia grupal)

Aplicando estudios con coeficientes de regresión, encontramos que, dentro de las conclusiones, en nuestra muestra (N=1045), por sí solos, estos cuatro recursos explican:

- un 34% de los niveles de work-engagement (vigor y dedicación),

- un 21% del desempeño intra-rol,

- un 27% del desempeño extra-rol, y

- un 28% del desempeño general percibido.

Más específicamente, y ampliando los resultados de esta investigación podemos realizar las siguientes afirmaciones, todas ellas, hipótesis del estudio:

a. *Sentirse satisfecho con el equipo de trabajo favorece la aparición de emociones positivas (interés y entusiasmo).*

La satisfacción con la creatividad, la colaboración, la eficiencia y la coordinación del equipo de trabajo explican en aproximadamente 20% las emociones positivas (interés por trabajar, entusiasmo por lo que hacen). De estos 4 recursos, los de mayor impacto sobre las emociones positivas son la satisfacción con la coordinación alcanzada en la interacción, y, en segundo lugar, la satisfacción con la eficiencia que resulta del trabajo en equipo. En 1000 trabajadores, la influencia es positiva. Es decir, que cuanto más satisfecha esté la persona con estos aspectos del equipo de trabajo, más interés y entusiasmo va a experimentar en la ejecución de sus funciones y tareas laborales.

b. *La mala coordinación favorece la aparición de Emociones negativas en un equipo (miedo, enojo, aburrimiento).*

Con respecto a las emociones negativas, hemos encontrado que el único factor explicativo relevante es la satisfacción con la coordinación del equipo de trabajo. Este recurso explica en un 5% las emociones negativas. Esto significa que cuanto menor coordinación perciben las personas con respecto a su equipo de trabajo, más probable es que experimenten malestar (en nuestra muestra: aumentan el miedo, se sienten más enojados y se aburren)

c. *La creatividad grupal y la forma de coordinarse en un equipo de trabajo aumenta la motivación de los miembros de ese equipo (aumenta la fuerza, las ganas y la intención de dedicarse mucho tiempo a lo que están realizando (work-engagement).*

Con respecto al engagement, podemos señalar que la satisfacción con la creatividad y la satisfacción con la coordinación del equipo de trabajo son los aspectos más relevantes a la hora de entender los niveles motivacionales. Estos dos recursos explican alrededor del 14% del engagement (vigor y dedicación laboral)

> d. *La falta de colaboración aumenta el riesgo de estrés y burnout.*

En relación al burnout, podemos indicar que la satisfacción con los recursos del equipo explica en un 4% los niveles de agotamiento emocional y energético y empiezan a perder el interés por lo que hacen diariamente. Aclaramos aquí que, de los 4 recursos de equipo, el único que contribuye de forma significativa en la explicación del burnout es la satisfacción con la colaboración entre los compañeros. Esto significa que cuando el trabajador percibe que existe poca colaboración en el equipo de trabajo, más probable es que se siente agotado energéticamente y comience a perder interés y descreer de la importancia de su trabajo.

> e. *Sentir satisfacción por el equipo de trabajo aumenta la felicidad laboral, sobretodo, el sentir "que estamos bien coordinados y somos eficientes".*

Con respecto a la felicidad laboral, la satisfacción con la creatividad, la colaboración, la eficiencia y la coordinación del equipo de trabajo explican en aproximadamente 25% de los niveles de felicidad que experimentan las personas en su trabajo. Los factores que más aportan en la explicación de los niveles de felicidad son: en primer lugar la satisfacción con la coordinación. En segundo lugar, la satisfacción con la eficiencia. En tercer lugar, la satisfacción con la creatividad.

En su conjunto, estos resultados demuestran la relevancia que tiene el funcionamiento del equipo de trabajo en los niveles de felicidad laboral.

Usando como fundamento las recomendaciones de este estudio, hemos diseñado una herramienta de evaluación e intervención sobre las reuniones de trabajo denominada "Meeting coaching".

De la misma, algunos aspectos comentamos en apartados anteriores y en esta ocasión, con el fin de ilustrar su eficacia, presentamos, en el siguiente apartado, el informe sobre el trabajo realizado con un equipo directivo y sus resultados.

Intervención para aumentar los recursos motivacionales de equipo

Informamos aquí los resultados de la metodología denominada Meeting Coaching, aplicada a cuatro reuniones mensuales de un equipo de ejecutivos de una escuela de Negocios y Posgrados, realizado durante el año 2016. El objetivo general de esta intervención fue mejorar el desempeño de los participantes en las reuniones de trabajo.

Para lograrlo, se diseñaron una serie de acciones que integran: a. conceptos clásicos de management (feedback específico e inmediato, ciclo de coordinación de acciones, mejora continua, la reunión ejecutiva como proceso, evaluación permanente, etc.), b. experiencias anteriores de coaching a equipos ejecutivos y c. cuatro variables estudiadas en la medición del Observatorio de Tendencias Sociales y Empresariales sobre 1045 trabajadores argentinos llamada "empresas saludables y eficientes". Estas cuatro variables son: la disposición a *colaborar* entre los compañeros, la *creatividad* lograda en la interacción, la capacidad de *coordinación* y organización interna, y la *eficiencia* alcanzada. Estas variables son denominadas aquí: *"recursos motivacionales de equipo"*.

Descripción de la metodología:

"Meeting Coaching" es una metodología que entiende a los participantes de la reunión como agentes activos y protagonistas de las mejoras posibles en los niveles de su desempeño como equipo de trabajo. Al respecto, esta metodología buscar estimular el interés de los propios participantes por mejorar las variables estudiadas, durante las reuniones. Un ejemplo de este estímulo fue el uso de la herramienta IPO: "formulación de Inquietudes, Pedidos y Ofrecimientos" (una versión modificada de la metodología conversacional propuesta en las capacitaciones donde se transmiten conceptos relacionados a la ontología del lenguaje).

Así, y luego de cuatro reuniones se pudieron comprobar las mejoras graduales y continuas en las variables trabajadas, según las valoraciones inmediatas y anónimas de cada uno de los participantes.

Abajo se muestran algunas tablas y gráficos que ilustran los avances del equipo en los recursos motivacionales de equipo y otras variables estudiadas, a lo largo de los cuatro encuentros.

Cuadro 2. Niveles de colaboración durante las cuatro reuniones

	Colaboración			
Reunión	1	2	3	4
Promedio	3.69	4.00	4.08	4.17

Fuente: Spontón, Medrano. Meeting Coaching (2017)

Figura 2. Niveles de colaboración durante las cuatro reuniones

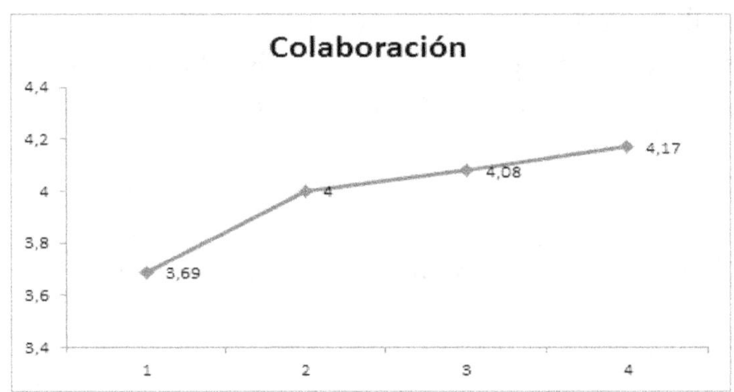

Fuente: Spontón, Medrano. Meeting Coaching (2017)

Cuadro 3. Niveles de creatividad durante las cuatro reuniones

	Creatividad			
Reunión	1	2	3	4
Promedio	3.46	3.29	3.42	3.44

Fuente: Spontón, Medrano. Meeting Coaching (2017)

Figura 3. Niveles de creatividad durante las cuatro reuniones

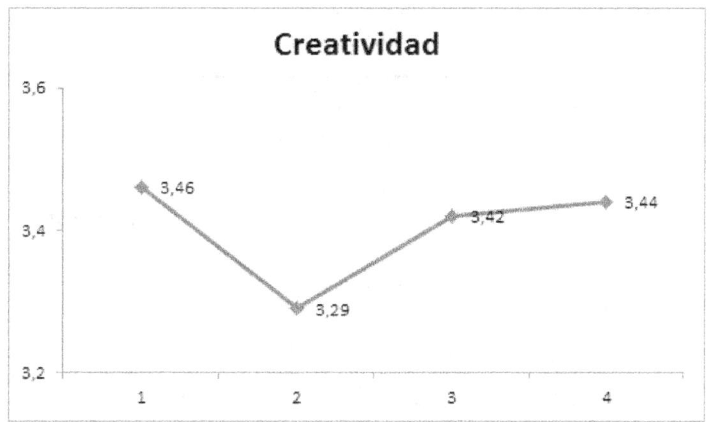

Fuente: Spontón, Medrano. Meeting Coaching (2017)

Cuadro 4. Niveles de coordinación durante las cuatro reuniones

	Coordinación			
Reunión	1	2	3	4
Promedio	3.46	4.00	4.25	4.17

Fuente: Spontón, Medrano. Meeting Coaching (2017)

Figura 4. Niveles de coordinación durante las cuatro reuniones

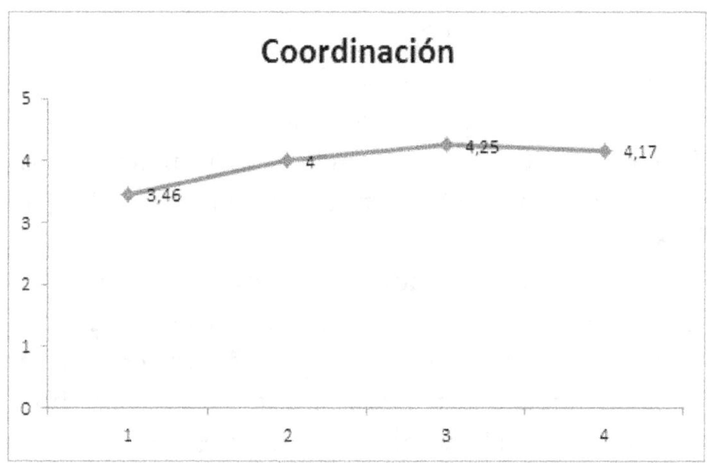

Fuente: Spontón, Medrano. Meeting Coaching (2017)

 Cuadro 5. Niveles de eficiencia grupal durante las cuatro reuniones

	Eficiencia			
Reunión	1	2	3	4
Promedio	3.15	3.79	4.08	4.11

Fuente: Spontón, Medrano. Meeting Coaching (2017)

Figura 5. Niveles de eficiencia grupal durante las cuatro reuniones

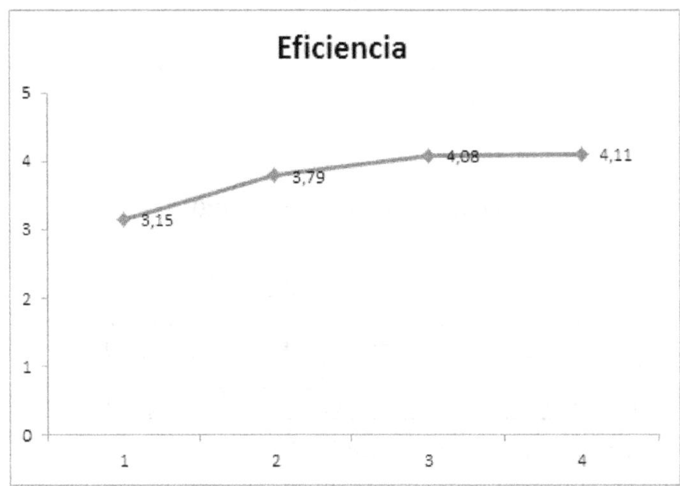

Fuente: Spontón, Medrano. Meeting Coaching (2017)

Nuestra hipótesis de trabajo inicial fue tomada de una de las conclusiones del estudio arriba mencionado, que afirma lo siguiente: "el aumento en conductas de colaboración, creatividad, coordinación y eficiencia grupal, está relacionado directa y positivamente con el aumento de la motivación de los miembros de un equipo".

En este caso, hemos agregado como hipótesis que: "el aumento de estas cuatro variables (colaboración, creatividad, coordinación y eficiencia grupal) está relacionado positivamente con la calidad de las reuniones, expresadas en: la satisfacción con el proceso, satisfacción con el resultado, valor agregado de la reunión a cada participante.

Más abajo, se puede observar que estas variables de "calidad de las reuniones" aumentaron, en términos generales, con el transcurrir de las mismas.

Cuadro 6. Niveles de satisfacción con el proceso de la reunión durante las cuatro reuniones

	Satisfacción con el proceso			
Reunión	1	2	3	4
Promedio	3.46	3.86	4.00	4.22

Fuente: Spontón, Medrano. Meeting Coaching (2017)

Figura 6. Niveles de satisfacción con el proceso de la reunión durante las cuatro reuniones.

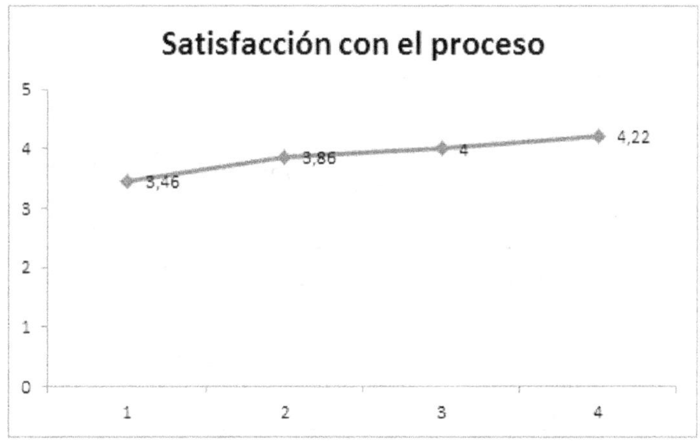

Fuente: Spontón, Medrano. Meeting Coaching (2017)

Cuadro 7. Niveles de satisfacción con el resultado durante las cuatro reuniones

	Satisfacción con el resultado			
Reunión	1	2	3	4
Promedio	3.46	3.86	3.83	3.83

Fuente: Spontón, Medrano. Meeting Coaching (2017)

Figura 7. Niveles de satisfacción con el resultado durante las cuatro reuniones

Fuente: Spontón, Medrano. Meeting Coaching (2017)

Cuadro 8. Niveles de valor agregado de la reunión durante las cuatro reuniones

	Valor que le agrega a mi trabajo			
Reunión	1	2	3	4
Promedio	3.46	3.86	4.08	4.11

Fuente: Spontón, Medrano. Meeting Coaching (2017)

Figura 8. Niveles de valor agregado de la reunión durante las cuatro reuniones

Fuente: Spontón, Medrano. Meeting Coaching (2017)

Conclusión del informe:

Si bien en este ensayo no se utilizó el método "Meeting Coaching" en todo su potencial (ya que sólo se efectivizaron entrevistas de feedback con quien ejercía el rol de coordinador y no con los demás participantes) los resultados han sido positivos, según la evidencia expresada en las valoraciones de quienes asistieron a las reuniones. Por ello, cabe esperar, que si se da feedback individualizado a otros participantes claves, los niveles de mejora serían aún mayores. También pensamos que estos resultados pueden servir como nueva evidencia respecto de la utilidad de una técnica específica para mejorar el desempeño de un equipo de trabajo, con el valor agregado de ser una herramienta gerencial validada por conocimientos teóricos provistos por la investigación sobre empresas saludables.

Intervención para mejorar la calidad de las reuniones entendidas como un proceso

Otro modelo de intervención sobre las reuniones hace alusión a entenderla como un proceso, tal como vimos anteriormente.

Para seguir ilustrando estas ideas, presentamos un modelo de intervención que tiene en cuenta la división en tres partes de la reunión y le agregamos la importancia del feedback como herramienta a incluir dentro del output.

A partir del feedback dado a todos los participantes se aporta información específica y rápida a cada participante para que acelere el aprendizaje y la adquisición de nuevos hábitos grupales.

Modelo de intervención: preparación—reunión—feedback.

Ilustramos otra forma de mejorar la calidad de la reunión basado en la disciplina de seguir consignas específicas que estructuran cada una de sus partes: preparación—reunión—feedback.

Tal como se ilustra en la figura 9, se detalla abajo las consignas y recomendaciones a tener en cuenta para mejorar cada parte del proceso. El mismo puede ser guiado por un consultor o algún miembro del equipo que ocupe el rol de facilitador de esta metodología.

Figura 9. Ejemplo de Planilla para evaluar la reunión.

Fuente: Spontón, Castellano (2017). Estudio de caso de consultoría. Metodología Team Coaching.

1. **Preparación:**

La preparación de los participantes es clave para agregar calidad a la reunión. En este caso recomendamos tener en cuenta estos aspectos:

— Modalidad de invitación a la reunión: definir modalidad (Ej:los participantes son invitados a la reunión mediante un mail.

    a. Encabezado: "Ej: reunión de directorio".

    b. Día y hora de la reunión: "Ej.:48 horas antes se da aviso de la misma".

    c. Planilla con gestión de los temas.

— Criterios de uso de teléfono y redes sociales: recomendamos acordar una modalidad de uso que lleve al mínimo la posibilidad de distracciones. Por ejemplo, cada xx tiempo, se puede chequear el celular. O dejarlo a algún asistente, afuera de la sala de reunión.

— Se sugiere "simplificar" el método de trabajo mediante la siguiente planilla(ver Cuadro 9).

— Cada participante puede proponer al coordinador temas

para abordar, hasta 24 horas antes de la reunión. El coordinador de la reunión define el orden de prioridades.

Cuadro 9. Planilla con datos mínimos necesarios para mejorar la reunión.

	Temas	Tiempo previsto	Decisiones / Acciones
1			
2			
3			

2. **Reunión:**
- Recomendamos seguir los temas anotados en la planilla, en el orden que el coordinador lo disponga.
- Cada participante debe preocuparse por tener en cuenta la calidad y cantidad de sus aportes personales a la dinámica de la reunión.
- La preparación previa de los temas hace que los aportes mejoren mucho en calidad y cantidad.
- Al finalizar, se otorgan xx minutos para llenar la planilla de evaluación sobre la calidad de la reunión. Cada participante llena su planilla y el consultor consolida la información en un solo documento. Este documento es mostrado a todos los participantes al comienzo de la próxima reunión.
- En la fase de aprendizaje hasta que se logre internalizar el método, cada uno recibe un feedback respecto de cómo fue observada su participación, atendiendo a: "cuando facilitó el trabajo del equipo y cuando lo dificultó".
- Hay tres Roles fundamentales para aumentar la calidad. Recomendamos repartirlos (una persona puede tener varios roles) antes del comienzo de la reunión. Ellos son

(los nombres tienen que resultar agradables/amigables según la cultura organizacional de los participantes):

- Coordinador. Es quien llama a la reunión. Define la prioridad de los temas y el tiempo asignado a cada uno.

- Escriba. Toma nota en la planilla sobre las decisiones y las acciones que se plantean en la reunión.

- Cronos. Avisa al coordinador respecto del paso del tiempo asignado a cada tema.

3. Feedback:

(En el caso piloto, se da por supuesta la existencia de un consultor-observador de las reuniones y que esta persona esté capacitada para dar feedback. Para otros casos, el alumno puede imaginar e inventar distintas opciones de feedback, con o sin consultor/a externo/a).

- Al finalizar la reunión, se agenda un horario para entrevista personal con el consultor que no lleve más de 30 minutos.

- En esta entrevista el participante recibe feedback sobre cómo fue observada su conducta verbal y no verbal durante la reunión.

- Se registran puntos de mejora para la próxima reunión. El objetivo es que cada participante se haga consciente de cuando "facilita o dificulta el trabajo del equipo".

- Aquí se requiere humildad y apertura emocional para recibir feedback positivo y negativo. Esta mentalidad de apertura al feedback acelera el aprendizaje (Dweck, 2006; 2012).

Referencias

Argyris, C. & Schon, D. (1978). Organizational Learning: A Theory of Action Perspective, Addison- Weslcy.

Baddeley, A. (2012). Working Memory: Theories, Models, and Controversies. Annual Review of Psychology. 63 (1): 1-29.

Baddeley, A. D., & Hitch, G. (1974). Working memory. Psychology of Learning and Motivation. 8, 47–89.

Bakker, A., Demerouti, E. & Schaufeli, W. (2005). The crossover of burnout and work engagement among working couples. Human Relations, 58, 661–689.

Bales, R. (1950) Interaction Process Analysis: A Method for the Study of Small Groups, Addison-Wesley.

Bales, R., Cohen, S. & Williamson, S. (1979). SYMLOG: A System for the Multiple Lewl Ohservataon of Groups, Free Press.

Bandura, A. (2001). Social cognitive theory: An agentic perspective. Annual Review of Psychology, 52, 1–26.

Barsade, S. (2002). The ripple effect: Emotional contagion and its influence on group behavior. Administrative Science Quarterly, 47, 644–675.

Brown, N., Sokal, A. & Friedman, H. (2013). The complex dynamics of wishful thinking: The critical positivity ratio. American Psychologist, 68(9), 801-813.

Charbonnier-Voirin, A. & Roussel, P. (2012). Adaptive Performance: A New Scale to Measure Individual Performance in Organizations. Canadian Journal of Administrative Sciences Revue canadienne des sciences de l'administration 29: 280–293

Cruz-Ortiz, V., Salanova, M. & Martinez, I. (2013). Liderazgo transformacional y desempeño grupal: unidos por el engagement grupal. Revista de Psicología Social, 28 (2), 0-0

Csikszentmihalyi, M. (2016). Fluir en los Negocios. Ed. Kairos. Barcelona. España.

Dweck, C. (2006). Mindset: The new psychology of success. New York: Random House.

Dweck, C. (2012). Mindset: How you can fulfill your potential. Constable & Robinson Limited.

Dyer, J., Gregersen, H., Christersen, C. (2009). The Innovator's DNA. Harvard Business Review

Fredrickson, B. & Kok, B. (2018). Evidence for the Upward Spiral Stands Steady: A response to Nickerson (2018). Psychological Science. Vol. 29(3) 467-470.

Fredrickson, B. L. (2009). Positivity. Crown Publishers, New York.

Fredrickson, B. L. & Losada, M. (2005). Positive affect and the complex dynamics of human flourishing. American Psychologist, 60 (7) 678-686.

Gil, F., Rico, R. y Sánchez-Manzanares, M. (2008). Eficacia de equipos de trabajo. Papeles del Psicólogo, 2008. Vol. 29(1), pp. 25-31

González–Romá, V., Peiró, J., Subirats, M. & Mañas, M. (2000). The validity of affective work team climates. In M. Vartiainen, F. Avallone, & N. Anderson (Eds.), Innovative theories, tools and practices in work and organizational psychology (pp. 97–109). Göttingen, Germany: Hogrefe & Huber.

Gottman, J. (1994). Why Marriages Succeed or Fail. Simon and Schuster.

Gottman, J., Markman, H. & Notarius, C. (1977). The topography of marital conflict: A sequential analysis of verbal and non-verbal behavior. Marriage and the Family. 39, 461-477.

Gottman, J., Rose, F. & Mettetal, G. (1982). Time-series analysis of social interaction data. In: Emotion and Early Interaction. Edited by T. Field and A. Fogel. pp. 261-289. Erlbaum.

Hatfield, E., Cacioppo, J., & Rapson, R. (1994). Emotional contagion. New York: Cambridge University Press.

Ivancevich, J.M., Konopaske, R. & Matteson, M.T. (2006). Capítulo 10: Grupos y Equipos. En: Comportamiento Orgainzacional. Mexico. Mc Graw Hill. Edición 7.

Kelly, J., & Barsade, S. (2001). Mood and emotions in small groups and work teams. Organizational Behavior and Human Decision Processes, 86(1), 99-130.

Losada, M. (1999). The complex dynamics of High Performance Teams. Mathematical and Computer Modelling 30 (1999) 179-192

Losada, M., & Heaphy, E. (2004). The role of positivity and connectivity in the performance of business teams: A nonlinear dynamics model. American Behavioral Scientist, 47 (6), 740-765.

Morin, E. (2009). Introducción al pensamiento complejo. Gedisa.

España

Pinker, S. (2005). So How Does the Mind Work? Mind and Language, 20(1), 1-24.

Podsakoff, P.M., MackKenzie, S.B. & Ahearne, M. (1997). Moderating Effects of Goal Acceptance on the Relationship between Group Cohesiveness and Productivity". Journal of Applied Psychology. Pp. 974-83.

Robbins, S. (2004). Capítulo 8: Bases de la conducta del grupo. En Comportamiento Organizacional. Méjico. Pearson/Prentice Hall. Ed. 10.

Rodríguez-Sánchez, A, Cifré, E. (2012). Flow y Bienestar Subjetivo en el Trabajo. Guías de optimización. Ed. Síntesis. Madrid

Rodríguez-Sánchez, A., Devloo, T., Rico, R. Salanova, M. & Anseel, F. (2017). What Makes Creative Teams Tick? Cohesion, Engagement, and Performance Across Creativity Taks: A Three-Wave Study. Group & Organization Management (2017), v. 42, issue 4, p. 521-547

Salanova, Llorens, S., Acosta, H. & Torrente, P. (2013). Positive Interventions in Positive Organizations. terapia psicológica. Vol. 31, Nº 1, 101-113

Salanova, M., & Schaufeli, W. (2009). El engagement en el trabajo. Cuando el trabajo se convierte en pasión. Madrid: Alianza

Salanova, M., Llorens, S., Cifre, E., Martínez, I., & Schaufeli, W. (2003). Perceived collective efficacy, subjective well–being and task performance among electronic work groups. Small Group Research, 34, 43–73

Salanova, M., Martínez, I., Cifre, E.& Llorens, S. (2009). La salud ocupacional desde la perspectiva psicosocial: Aspectos teóricos y conceptuales [The occupational health from the psychosocial perspective: Theoretical and conceptual aspects]. En: M. Salanova (dir.), Psicología de la Salud Ocupacional (pp. 27-62). Madrid: Editorial Síntesis

Schaufeli, W., Salanova, M., González–Romá, V. & Bakker, A. (2002). The measurement of engagement and burnout: A two sample confirmatory factor analytic approach. Journal of Happiness Studies, 3, 71–92

Seligman, M & Csikszentmihalyi, M. (2000). Positive Psychology. An introducction. American Psychologist. Vol 55. N1, 5-14.

Semmer, N., Zapf, D. & Greif, S. (1996). Shared job strain: A new approach for assessing the validity of job stress measurements. Journal of Occupational and Organizational Psychology, 69, 293–310.

Senge, P. (1990). The Fifth Discipline: The Art and Practice of the Learning Organization. Currency/Doubleday.

Torrente, P., Salanova, M., Llorens, S & Schaufeli, W. (2012). From "I" to "We": The Factorial Validity of a Team Work Engagement Scale. Chapter 5. En: Occupational Health Psychology: From burnout to well-being.

Watson, D., Clark, L., & Tellegen, A. (1988). Development and validation of brief measures of positive and negative affect: The PANAS Scales. Journal of Personality and Social Psychology, 47, 1063–1070

Recursos Organizacionales:
Liderazgo, Nuevas tecnologías y Gestión Estratégica de los Recursos Saludables

Mgter. Carlos Spontón

El Liderazgo positivo y transformador basado en la evidencia

En este apartado, los lectores van a encontrar tres conceptos que han sido desarrollados para innovar dentro del marco de las organizaciones saludables: El liderazgo positivo, los cuatro recursos motivacionales de liderazgo y el liderazgo transformacional. Daremos las definiciones pertinentes y contaremos la manera en que estos conceptos son utilizados por investigadores (para comprender el fenómeno de la autoridad y la influencia saludable dentro de las organizaciones) y "practitioners" (consultores, managers o directivos a quienes les interesa principalmente, mejorar su capacidad de autoridad e influencia).

El Liderazgo positivo

El liderazgo constituye el proceso por el cual una persona influye sobre sus seguidores de modo que contribuyan al logro de los objetivos establecidos y al éxito organizacional (Bass & Riggio, 2006). Actualmente está considerado como uno de los factores claves que permiten a las organizaciones adaptarse y sobrevivir en los nuevos entornos laborales. Inclusive, existe un gran consenso en afirmar que el éxito o fracaso de cualquier organización depende, en gran medida, de la calidad de sus líderes (House et al, 2002).

En esta ocasión destacamos aquellos métodos saludables de influencia, caracterizados aquí como "positivos", en atención a los nuevos avances de la psicología positiva aplicada al mundo de las organizaciones.

Recursos laborales y liderazgo positivo

Cuando empezamos a estudiar las experiencias de malestar, estrés y burnout y las de bienestar, como el work-engagement, de manera exploratoria, tratamos de detectar qué factores causales estaban detrás de las distintas motivaciones y experiencias laborales, específicamente, en los trabajadores cordobeses.

Así, unos años atrás, buscando herramientas de evaluación, dimos con un cuestionario desarrollado por la consultora internacional Gallup, donde se destacaban 12 ítems que predecían, desde su planteamiento teórico, los niveles altos de engagement en trabajadores de diferentes partes del mundo. Nuestra inquietud era observar si esa predicción se cumplía a nivel local (una exploración que deje sentada alguna base para futuros estudios de invarianza cultural).

Es así, que al tomarlo a trabajadores cordobeses (N=725), nos encontramos con resultados que nos sorprendieron, dado que los recursos más deficitarios fueron: el feedback y el reconocimiento (Ver figura 1).

A su vez, esta información era coherente con la queja frecuente que escuchamos en varias empresas, públicas y privadas que se puede resumir en estas palabras: "Acá no te dicen cómo vamos" y "Nadie te reconoce nada acá".

Figura 1. Promedio de percepción de 12 recursos laborales en una muestra de 725 trabajadores cordobeses.

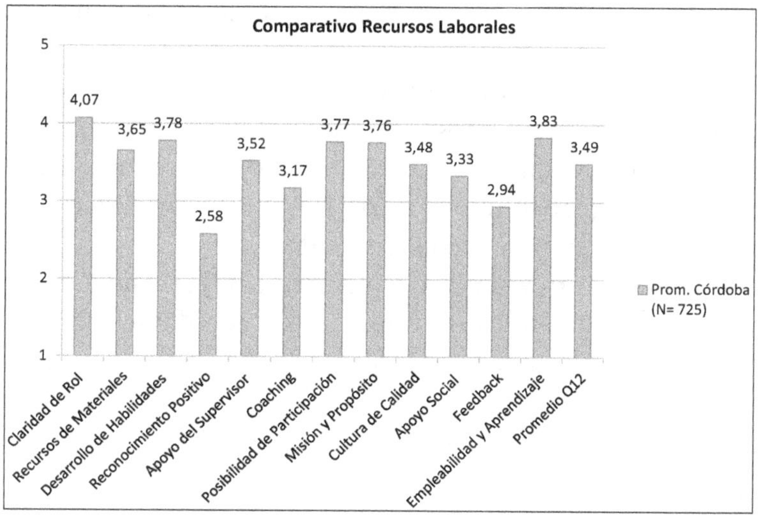

Fuente: Spontón, Maffei (2010-2012). Modificado de: Gallup, 2010. Material de estudio para uso académico y exploratorio.

Intervención basada en el "triángulo de liderazgo positivo"

A partir de estos datos, en coherencia con lo que escuchamos en las empresas y sumado a nuestros conocimientos de psicología cognitiva y los aportes del psicólogo Bandura sobre la motivación humana, es que inventamos un recurso pedagógico que puede ser usado, hasta mayor verificación empírica como una "toy model" (Reutlinger et al. 2016) o metáfora explicativa, que nos facilita la transmisión de ideas pragmáticas sobre liderazgo al lograr, mediante esta figura, "hacer simple (Maeda, 2010) lo complejo (Morín, 2009)".

Simple, en el sentido de mostrar en una sola figura didáctica, un triángulo (que funciona como funcionan todos los símbolos, condensando información) con el nombre de algunas variables y sus relaciones *complejas*, dada la multideterminación entre ellas.

Como recurso figurativo, con los fines de inspirar a los alumnos a inventar nuevas herramientas para mejorar los recursos

169

de liderazgo en sus espacios de trabajo, mostramos aquí una parte de una intervención llevada a cabo para mejorar la capacidad de liderazgo de un dueño de una pyme tecnológica, con quienes hemos trabajado.

Al respecto, luego de diagnosticar la necesidad de mejorar sus habilidades directivas, usamos la herramienta de liderazgo positivo. Para ello, entrevistamos a sus colaboradores y reportes directos, quienes le asignaban un valor (de 1 a 5) a su capacidad de proveer feedback, coaching y reconocimiento).

Luego, en una entrevista de devolución, con la planilla (ver figura 2 y esta información le dimos feedback y acordamos acciones de mejora para aumentar estos valores.

Figura 2. Triángulo de liderazgo positivo. Feedback al Líder de pyme.

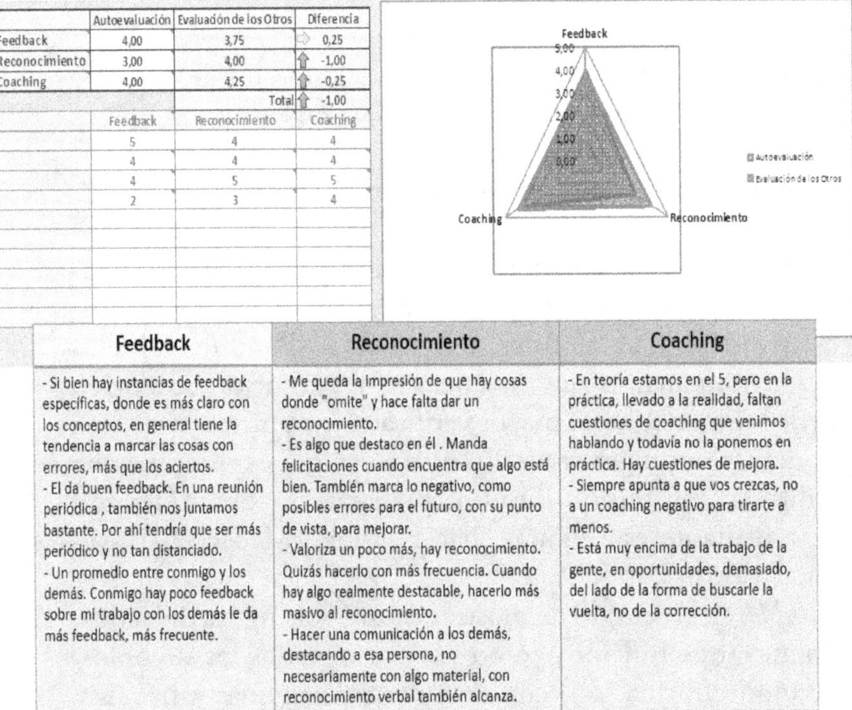

	Autoevaluación	Evaluación de los Otros	Diferencia
Feedback	4,00	3,75	0,25
Reconocimiento	3,00	4,00	-1,00
Coaching	4,00	4,25	-0,25
		Total	-1,00
	Feedback	Reconocimiento	Coaching
	5	4	4
	4	4	4
	4	5	5
	2	3	4

Feedback	Reconocimiento	Coaching
- Si bien hay instancias de feedback específicas, donde es más claro con los conceptos, en general tiene la tendencia a marcar las cosas con errores, más que los aciertos. - El da buen feedback. En una reunión periódica , también nos juntamos bastante. Por ahí tendría que ser más periódico y no tan distanciado. - Un promedio entre conmigo y los demás. Conmigo hay poco feedback sobre mi trabajo con los demás le da más feedback, más frecuente.	- Me queda la impresión de que hay cosas donde "omite" y hace falta dar un reconocimiento. - Es algo que destaco en él . Manda felicitaciones cuando encuentra que algo está bien. También marca lo negativo, como posibles errores para el futuro, con su punto de vista, para mejorar. - Valoriza un poco más, hay reconocimiento. Quizás hacerlo con más frecuencia. Cuando hay algo realmente destacable, hacerlo más masivo al reconocimiento. - Hacer una comunicación a los demás, destacando a esa persona, no necesariamente con algo material, con reconocimiento verbal también alcanza.	- En teoría estamos en el 5, pero en la práctica, llevado a la realidad, faltan cuestiones de coaching que venimos hablando y todavía no la ponemos en práctica. Hay cuestiones de mejora. - Siempre apunta a que vos crezcas, no a un coaching negativo para tirarte a menos. - Está muy encima de la trabajo de la gente, en oportunidades, demasiado, del lado de la forma de buscarle la vuelta, no de la corrección.

Fuente: Spontón, Castellano (2012). Herramienta de consultoría. En esta planilla están consolidados los valores de liderazgo positivo de un lider de pyme, según entrevistas realizadas a sus reportes directos.

Se puede observar en esta herramienta:

1. Los valores de la autoevaluación, los de la evaluación de los colaboradores y la diferencia sobre las mismas variables.
2. Los colores que representan los recursos a mejorar (en amarillo, el feedback) y los recursos a optimizar (en verde, el reconocimiento y el coaching).
3. Los comentarios cualitativos de los colaboradores para dar información de contexto sobre los valores cualitativos expresados arriba.
4. La expresión gráfica, en un triángulo para facilitar la visión y comprensión de estos valores.

Ejemplo de Liderazgo positivo y autoeficacia

Otro ejemplo de cómo hemos colaborado con la transmisión de estas ideas al público en general fue el diseño de una conferencia TEDx ejecutada por Luis Maffei, durante el año 2012. En este caso, tal como mostramos en el apartado anterior, con algunas modificaciones, programamos la conferencia tomando como base el triángulo de liderazgo positivo, a los fines de integrar a. los conceptos de Bandura (1997) sobre la autoeficacia como uno de los principales motivadores de la conducta humana, b. el modelo sobre el funcionamiento mental que ofrece la psicología cognitiva, c. conectados con el concepto de feedback y reconocimiento, entendidos como recursos que facilitan la aparición de comportamientos positivos y saludables.

Figura 2. Una versión del triángulo de liderazgo positivo.

Fuente: Conferencia TEDx :Liderazgo positivo. Luis Maffei. Conferencia diseñada junto a Estanislao Castellano y Luis Maffei. Auditorio OSDE. Córdoba, 2012.

Los recursos motivacionales del líder y el liderazgo transformacional

Los cuatro recursos motivacionales del líder.

Tomando como referencia el modelo Want de recursos laborales, y, a. para buscar más efectividad en las intervenciones organizacionales, a la vez que b. innovar en el desarrollo de un modelo de recursos que mejore lo ya existente,

hemos incluido en nuestro protocolo de evaluación cuatro variables de liderazgo que, dependiendo la satisfacción que el colaborador tenga con las mismas, van a actuar como un recurso motivacional que impacta en las emociones (positivas y negativas), el engagement (y el burnout) y la felicidad en el trabajo.

Estos recursos motivacionales de liderazgo son:
a. claridad de consignas e instrucciones,
b. calidad de feedback,
c. reconocimiento al esfuerzo y
d. reconocimiento al resultado.

Aprovechamos para destacar la conexión con el concepto de liderazgo positivo, al incluir aquí al feedback y al reconocimiento, como herramientas centrales para motivar y generar bienestar, en este caso, integrandolos con otros recursos (consignas claras, por ejemplo) y buscando aumentar las herramientas que faciliten el trabajo de los líderes y colaboradores.

Más abajo hacemos una referencia a cada recurso de liderazgo, cómo lo entendemos y su importancia en el contexto del bienestar emocional y la gestión del estrés, a la vez que destacamos algunas recomendaciones específicas para cada recurso, tal como las usamos en sesiones de consultoría.

a. Instrucciones claras:

"¿Cuál es mi rol en esta empresa?", "¿Qué tengo que hacer?", "¿Qué se espera de mí?", "¿Quién me dice lo que tengo que hacer?". Todas ellas son preguntas (explícitas o implícitas) que se formula un trabajador mientras trabaja, no solo cuando empieza a desempeñarse en un puesto nuevo o entra a trabajar a una organización.

Si las respuestas se las da quien debe supervisarlo y son del tipo: "Acá están especificadas tus tareas", o "… Yo te voy a ir enseñando lo que hay que hacer y después las puedes continuar solo y cualquier problema me avisas", o también, "...cuando termines ésto me avisas y lo revisamos entre los dos" y similares, la persona tiene un "foco" en el cual centrar sus acciones.

Internamente piensa: "Sé lo que tengo que hacer, … estas son mis obligaciones…" y su emoción es de tranquilidad, confianza y no gasta tiempo en tratar de entender "cómo se juega esto". Esto aporta seguridad y conocimiento de sus tareas y sobretodo velocidad en la ejecución del trabajo.

Mientras más específicas sean estas instrucciones, más tranquilo puede trabajar.

Lo contrario a la posibilidad de contar con instrucciones específicas se denomina técnicamente: "ambigüedad de rol".

A su vez, existe una gran cantidad de literatura científica respecto de que, en situaciones de incertidumbre y dinamismo organizacional, el conflicto y la ambigüedad de rol son dos factores problemáticos de mayor incidencia en los trabajadores, al tener que gestionar nuevas situaciones, muchas veces sin la información adecuada ni las herramientas necesarias para hacer frente a estos nuevos problemas. (Osca, Alcázar y Otero, 1995)

Cuando las instrucciones son confusas se pueden interpretar de diferentes maneras. ¡Aún las instrucciones que parecen claras se pueden interpretar de diferentes maneras! Esta ambigüedad puede estar dada por la naturaleza cambiante de las empresas, o por situaciones de incertidumbre ambiental (por ejemplo, cambian los pedidos de los clientes) o también por la falta de estructura y organización interna. Es multicausada… ¡y a la vez es causa de múltiples problemas!

Agunas recomendaciones para mejorar la claridad en las consignas de los puestos de trabajo, pueden ser:

1. Asignar tiempo y método para detallar las tareas a realizar.
2. Aprender a definir de manera realista objetivos de trabajo.
3. Asegurarse que las personas entiendan bien "cuál es su rol".
4. Usar técnicas de información y comunicación que favorezcan la claridad en los mensajes interpersonales sobre

"quién hace qué".

5. Capacitarse en liderazgo situacional para diagnosticar la cantidad y tipo de instrucciones que requieren sus colaboradores, atendiendo a su nivel de madurez.
6. Mantener actualizadas las definiciones de "puestos, funciones y tareas" y estimular el diseño de organigramas actualizados.

b. Calidad de feedback:

En el campo del management contemporáneo, con el término "feedback" se acostumbra denominar a las distintas acciones que se llevan a cabo para brindar información respecto de cómo se está haciendo el trabajo.

Mediante el feedback se sabe si se están llegando a los objetivos, si se está cumpliendo con los plazos acordados, si el nivel de desempeño es satisfactorio, si se están cometiendo errores o aciertos, etc. A este tipo de feedback, se le llama: feedback laboral (o performance feedback).

Existen distintos tipos de feedback laboral, pero la esencia de su funcionamiento está dada por la calidad de información que recibe una persona o un equipo sobre sus aciertos y errores. También, la persona que no recibe feedback entra en crisis de autoeficacia o confianza en sus propias capacidades. Deja de confiar en sí mismo al tener que usar su tiempo en resolver la duda que se instala en su conciencia bajo la pregunta: "¿lo estaré haciendo bien?".

Tener un buen feedback aporta tranquilidad, no importa si el feedback es positivo o negativo. En general, se considera que el feedback negativo (recibido bajo condiciones criteriosas de comunicación, en un marco de respeto) siempre va a ser mejor que la ausencia de feedback. A su vez, la ausencia de información genera ansiedad y esta ansiedad reduce la cantidad de energía motivacional disponible en los equipos de trabajo, a la vez que empeora el clima socioemocional.

También dejamos a consideración del lector algunas Recomendaciones para mejorar la calidad de feedback. Ellas son:

1. Reflexionar sobre la calidad de feedback que logra conseguir.
2. Diseñar un tablero personal con indicadores que le sirvan de feedback.
3. Aprender a gestionar la propia ansiedad frente a sit. de feedbacks no-específicos o incertidumbre.
4. Documentar datos y elementos que puedan servir como ilustración y ejemplos a la hora de dar feedback a colaboradores y compañeros.
5. Ser específico en el lenguaje utilizado al dar feedback formal e informal.
6. Profundizar en técnicas de feedback positivo y negativo.
7. Revisar la literatura del tipo "how to…" sobre "Cómo dar feedback" y seleccionar aquellos tips que considere apropiados a la cultura de su empresa.
8. Diseñar procesos ágiles para entrevistas de feedback y vincularlas a la evaluación del desempeño.
9. Favorecer la frecuencia y la calidad de feedbacks formales sobre el desempeño.
10. Definir "criterios" para mejorar la calidad del feedback a los empleados.

c. Reconocimiento al esfuerzo:

Un buen líder señala los aciertos, valora la buena predisposición, explicita su gratitud por un trabajo bien realizado, comenta abiertamente su admiración por los colaboradores que tiene, y entusiasma a su equipo transmitiéndoles confianza mediante el reconocimiento positivo, sobretodo, cuando todavía los logros a alcanzar no sean visibles para el grupo.

Actualmente, sabemos que un líder que quiera influir positivamente en el desempeño de su equipo, tiene que estar atento a reconocer los intentos bien intencionados y el esfuerzo por arribar a las metas, aunque se cometan errores. En tal sentido, reconocer los niveles de esfuerzo ayuda a procesar las frustraciones y así se hace más fácil la presencia de mentalizaciones más positivas y enfocadas en resolver la tarea, a través de la superación de obstáculos.

Desde un punto de vista práctico, si se quiere mejorar rápidament la satisfacción con este recurso motivacional, se puede realizar alguna de estas recomendaciones para aumentar el reconocimiento al esfuerzo:

1. Aprender a regular el propio esfuerzo. Reconocer tanto los momentos donde hay que "acelerar a fondo" y dar el "ciento diez por ciento", y los momentos donde conviene descansar y recuperar energía.

2. Reconocer el esfuerzo de los compañeros. Acompañar y pedir ser acompañado en los malos momentos.

3. Incluir como objetivo del área el aumento de comportamientos propios de una cultura donde prime el reconocimiento positivo.

4. Incluir en las evaluaciones de desempeño y feedback 360° formas de tener en cuenta los niveles de entrega y esfuerzo, basados en el siguiente criterio: Que los niveles de esfuerzo sean saludables para el empleado (por ejemplo, que el esfuerzo otorgado a la organización no vaya en contra de su vida personal) y eficientes para la empresa.

5. Capacitarse en técnicas de reforzamiento positivo y aprendizaje basado en el desarrollo personal.

6. Capacitarse en métodos de comunicación positiva.

7. Capacitarse en liderazgo transformacional.

8. Diseñar reuniones de trabajo donde exista sensación de que "el esfuerzo se reparte entre todos de manera equitativa".

9. Tener en cuenta que, si quiere empleados leales, el reconocimiento a su esfuerzo y entrega es un elemento clave

para lograrlo. Por ejemplo: ofrecer premios a aquellos que manifiesten interés y ganas de superarse a sí mismos.

d. Reconocimiento al resultado:

El reconocimiento, en cualquiera de sus formas de manifestación, está considerado un "reforzador positivo" conductual de amplia comprobación empírica. Aun así, si nos hacemos eco de las quejas y comentarios recibidos en el marco de nuestra actividad de consultoría, así como está reflejado en la muestra de más de 700 trabajadores cordobeses (figura 1) podemos afirmar que se usa poco en las empresas.

Probablemente no ocurra lo mismo en ámbitos deportivos, donde se lo usa como un energizador potentísimo (por ejemplo: un director técnico de un equipo deportivo que declara en notas periodísticas que el éxito del partido fue gracias al desempeño de sus jugadores).

Bien administrado, puede ser un recurso con excelentes beneficios inmediatos, ya que aumenta automáticamente el bienestar de la persona reconocida y esto expande las ganas de esa persona de buscar nuevas oportunidades de acción. En las organizaciones laborales, donde existen relaciones de asimetría y tensiones clásicas por miedo a perder poder, el reconocimiento como método de liderazgo es difícil de implantar y requiere de decisiones estratégicas con acciones específicas en todos los niveles par que se puedan invertir esfuerzos en premiar a los líderes que se animen a reconocer a su gente.

Basados en nuestros estudios y experiencia, apostamos a verdaderos cambios culturales a favor de aumentar la frecuencia en el uso de este recurso motivacional.

En el ámbito de la consultoría empresarial, una definición operativa que usamos para que los líderes puedan entrenarse en técnicas de reforzamiento social positivo, hace alusión al reconocimiento verbal.

Al mismo, lo entendemos como: "palabras de aprobación, aliento, agrado, gratitud, elogios, admiración y valoración positiva" hacia la otra persona o hacia los logros o el desempeño alcanzado por la persona o el grupo (Figura 3). Aclaramos aquí que para que la persona reconocida, se sienta energizada, debe percibir sinceridad y autenticidad en quien lo esté reconociendo, así como una alegría compartida por el resultado alcanzado.

Figura 3. Reconocimiento verbal positivo.

Fuente: Foto tomada del pizarrón en el 2016, en un curso de capacitación sobre distintas formas de motivación laboral. La usamos porque tiene un valor emotivo para nosotros como equipo consultor. El reconocimiento verbal positivo y algunas de sus formas. Actualmente, practicamos este concepto mediante algunas dinámicas de entrenamiento en refuerzo social.

Agregamos aquí algunas Recomendaciones para aumentar el reconocimiento al resultado. El lector puede inventar algunas más, ya que sólo requieren creatividad y muchas veces tienen que ver con dinámicas relacionales y actitudinales del líder. Ellos son:

1. Aprender a "reconocer a los compañeros", de manera informal y buscando alegrarse por los logros compartidos.

2. Utilizar el "autorreconocimiento" como herramienta de motivación personal.
3. Capacitar en liderazgo positivo a los líderes. Incluir metodologías de reconocimiento y valoración de los logros y buenos desempeños.
4. Aprender a señalar aciertos (los propios y los ajenos).
5. Capacitarse en técnicas de reconocimiento formal e informal.
6. Fomentar una cultura de lo positivo y del reconocimiento social.
7. Utilizar una política de reconocimientos formales a los mejores referentes de la empresa.

El impacto del líder transformacional en el engagement de sus colaboradores

Según investigaciones actuales, dentro de las empresas, aquellos directivos que tengan capacidad de liderazgo van a tener más influencia en sus colaboradores, más allá del cargo o puesto formal que ocupen dentro del organigrama (Schein, 2010). Ese es el supuesto inicial que está en la base de todos los esfuerzos que hace una empresa para desarrollar sus mandos medios y sus cargos directivos en habilidades de liderazgo.

A su vez, actualmente, estamos en un contexto de cambio e incertidumbre a nivel mundial, debido a los desafíos que las nuevas tecnologías y su impacto están teniendo en todo tipo de industrias, conformando lo que se conoce actualmente en los ámbitos empresariales como: "la era digital". Por ello, se pide a las personas con puestos de responsabilidad jerárquica, tener las competencias necesarias para entrar en este nuevo escenario, regido por características que no se conocían antes, dado el avance exponencial de las tecnologías (https://su.org/).

Es por estos cambios que se les pide a los líderes que logren motivar y guiar a los grandes grupos de trabajadores a realizar los aprendizajes que haya que hacer para no perder empleabilidad, competitividad y rentabilidad, y de esta manera, adaptarse a las exigencias de este nuevo ambiente laboral.

Buscando aportar a este tema, desde el ámbito científico, algunos investigadores sociales se hacen eco de este fenómeno y ofrecen algunos modelos de comprensión e intervención que buscan caracterizar a aquellos líderes que logran verdaderas transformaciones evolutivas en sus seguidores (Castro Solano, 2007).

A partir de los aportes científicos, se usa el término "lider transformacional" para describir cómo se comporta aquella persona que logra mejoras en sus seguidores, transmitiendo una nueva visión y un horizonte de posibilidades, deseado pero no esperado por estas personas. Así, a partir de la influencia de este líder, las personas se sienten energizadas a lograr los objetivos que él plantea, a partir de la convicción de que los objetivos organizacionales son trascendentes, estimulantes y no contradictorios con sus objetivos personales. Más específicamente, el liderazgo transformacional es aquel que produce cambios en los seguidores, a partir de concientizarlos acerca de la importancia y el valor que revisten los resultados obtenidos tras realizar las tareas asignadas, incitándolos a que trasciendan sus intereses personales en virtud de los objetivos de la organización (Llorens et al, 2009).

Ahora bien, según las investigaciones: ¿Qué características tienen los líderes transformacionales?

Vamos a responder esta pregunta a partir de dos modelos.

Según uno de ellos (el otro se presenta en el próximo apartado), el modelo que hemos usado para investigar tiene cuatro dimensiones (Bass, 1985; Bass & Avolio, 1990; 1993), a la vez que se distingue del liderazgo transaccional y del estilo laissez faire (Castro Solano, 2007).

Aquí una breve definición de estos estilos y de las cuatro dimensiones que caracterizan al lider transformacional (Modificado de: Castro Solano, 2017).

1. Carisma: Se comportan de forma tal que son tomados como modelos por sus seguidores, quienes quieren imitarlos. Son admirados, respetados e inspiran confianza en sus seguidores.

2. Estimulación intelectual: Alientan a sus seguidores a innovar y generar soluciones creativas, desde el planteamiento de nuevas preguntas y la formulación de viejos problemas en nuevas formas.

3. Inspiración: ellos motivan e inspiran a sus seguidores promoviendo el espíritu de equipo y generando expectativas positivas de futuro.

4. Consideración individualizada: prestan especial atención a las necesidaddes personales de desarrollo de cada uno de los seguidores, reconoce las diferencias individuales, hace monitoreo personalizado, pero este no es vivido como control.

Liderazgo transaccional:

Los líderes transaccionales se caracterizan por el desarrollo de intercambios y la negociación con los subordinados a cambio del logro de objetivos y metas organizacionales (recompensa contingente) y además suelen supervisar muy de cerca las actividades de sus subordinados con el propósito de evitar posibles errores o desviaciones de los procedimientos y normas establecidos (dirección por excepción). Esta dimensión tiene una forma activa (prevenir para que los errores no ocurran) y una forma pasiva (actuar sólo cuando el error ya ocurrió).

Liderazgo Laissez faire:

Es la ausencia o evitación del liderazgo, dado que este tipo de líderes evitan tomar decisiones, no realizan intercambios de ningún tipo para lograr objetivos y no hacen uso de la autoridad que el rol de líder les confiere.

Uno de nuestros aportes a la comprensión del fenómeno transformacional está dado por un paper (Trógolo et al, 2013) en el cual encontramos asociaciones entre el liderazgo transformacional, el work-engagement y el burnout, en una población de 125 trabajadores cordobeses (61,5% mujeres, entre 18 y 45 años (Media=30 años)), argentinos, en una empresa que estaba atravezando una crisis económica y financiera. En esta investigación, a partir del análisis de regresión múltiple aplicado a los datos recabados en una empresa de servicios ubicada en la ciudad de córdoba, pudimos llegar a la siguiente conclusión:

"… el liderazgo transformacional se asoció de manera positiva con la dedicación, el vigor y la absorción de los trabajadores, y de manera negativa con el agotamiento, el cinismo y la despersonalización."

A su vez, cuando se comparó el estilo transformacional con el estilo transaccional se evidenció que:

"…similares patrones se hallaron con respecto al liderazgo transaccional, aunque las relaciones observadas en este caso resultaron menos intensas."

Y con respecto al impacto del estilo laissez faire:

"… el liderazgo laissez faire evidenció relaciones positivas con el agotamiento, el cinismo y la despersonalización y relaciones negativas con la dedicación de los trabajadores."

En términos generales, pudimos observar en una población de trabajadores locales, similares resultados a lo que indican las investigaciones previas (Pucheu, 2010; Sosik & Godshalk, 2000; Tims et al, 2011; Nader & Castro Solano, 2009).

Un agregado es que, según se expresa arriba, la situación de crisis que vivían todos los miembros de esa empresa, era vivenciada de manera diferencial en cada sector, variando según el estilo de liderazgo del supervisor (transformacional, transaccional o laissez faire).

En su conjunto, la evidencia indica que el liderazgo transformacional es un recurso social de gran valor al momento de desarrollar personas, grupos y organizaciones saludables y también en momentos de crisis.

Modelo Want de liderazgo transformacional

También, dejamos a consideración de los alumnos otro modelo de liderazgo transformacional, desarrollado por el equipo Want para evaluar el comportamiento de aquellos directivos que generan cambios positivos en sus colaboradores. En este caso, ellos han estudiado al liderazgo transformacional como un recurso social (basado en la relación lider—seguidores) que aumenta el potencial del seguidor a la vez que cuida los resultados organizacionales.

En tal sentido, se refieren al "lider transformacional como aquella persona plena, capaz de desarrollarse logrando inspirar a los seguidores, incrementando su madurez y motivación para ir más allá de sus propios intereses. Además, este tipo de liderazgo supone una visión compartida por el líder, los seguidores de los equipos de trabajo y la organización, encaminada a la búsqueda de excelencia y calidad organizacional (Cruz-Ortiz & Salanova, 2011)".

Para la operacionalización del liderazgo transformacional toman la revisión de Rafferty & Griffin (2004) y el instrumento por ellos desarrollado, a partir de cinco dimensiones características.

Agregamos aquí una breve definición de cada una, tal como las plantea Cruz-Ortiz et al (2013), a partir de la evidencia que han encontrado para validarlas.

Según estos autores, los líderes transformacionales tienen altos niveles de:

1. Visión: expresión de un cuadro idealizado del futuro basado en los valores de la organización.
2. Comunicación inspiracional: son aquellos mensajes positivos sobre la organización, que construyen la motivación y la confianza.

3. estimulación intelectual: promueve el interés de los empleados a pensar en los problemas de nuevas maneras.

4. apoyo: se refiere a la preocupación del líder por sus empleados, teniendo en cuenta sus necesidades.

5. reconocimiento personal: se refiere a recompenzar al trabajador con alabanza y reconocimiento por el esfuerzo y logro de metas específicas.

¿Cómo operan los líderes transformacionales?

Algunas variables "mediadoras" se han estudiado y explican, en parte, la manera en la cual su comportamiento ejerce influencia en sus seguidores.

Según el reporte de estas autoras (Cruz-Ortiz et al, 2013), algunas de ellas son:

a. generan autoeficacia y eficacia colectiva en sus colaboradores. Estos líderes hacen que sus seguidores excedan sus propias expectativas de éxito, realizando innovaciones impensadas previamente y entregando niveles superiores de esfuerzo elegido, a partir de que el líder les hace confiar en sus propias capacidades y enfocarlos en su potencial y sus fortalezas.

b. generan clima emocional positivo ya que el lider transformacional contagia positividad y optimismo respecto de la capacidad de su gente de poder realizar avances significativos.

c. generan engagement de los seguidores con sus tareas y las esperables consecuencias positivas en el desempeño in-rol y extra-rol.

d. generan confianza reciproca. Los seguidores confían en la palabra del líder y en los beneficios de sus acciones, aunque no las entiendan o no estén inicialmente de acuerdo con su accionar.

f. sus comportamientos son percibidos como justos/equitativos por los seguidores. Esto lleva a los seguidores a entregar su esfuerzo y dedicación ya que lo ven compensados a partir de que perciben que el líder es el primero en esforzarse.

Recurso N° 2: Nuevas tecnologías

El impacto de las nuevas tecnologías en el bienestar y la productividad laboral

El contexto en el cual se realiza el trabajo y el desarrollo humano, actualmente, está dado por transformaciones tecnológicas impensadas en años anteriores. A su vez, para entender estas transformaciones, se necesita enmarcarlas en una línea histórica, principalmente relacionada con las anteriores revoluciones tecnológicas, las cuales han surgido de diferentes revoluciones industriales y han impactado de manera disruptiva en la forma de vivir y trabajar de toda la humanidad (Andrada, 2013).

Así, Klaus Schwab (2019), fundador del Foro Económico Mundial, afirma que estamos frente a la **cuarta revolución industrial** o **industria 4.0**, la cual está caracterizada por la unión de tecnologías que desintegran las fronteras entre las disciplinas físicas, digitales y biológicas. Esto genera avances tecnológicos emergentes en una serie de campos, principalmente: la robótica, la inteligencia artificial, nanotectnología, computación cuántica, biotecnología, internet de las cosas, impresión 3D, vehículos autónomos, etc.

A su vez, el modelo que caracterizaría esta revolución es la denominada **fábrica inteligente**. Este modelo es producto de la automatización, el an11álisis avanzado de los datos, la cooperación entre los sistemas ciber-físicos y las decisiones descentralizadas.

Para completar el contexto en el cual se inserta la nueva realidad laboral, haremos una breve referencia a las diferentes etapas de la revolución industrial:

a. Primera revolución industrial: se desarrolló en Europa y EE. UU. Tuvo lugar a mediados del siglo XVII hasta el siglo XIX. En ella, las sociedades agrarias y rurales se convierten en industriales y urbanas. Aquí el rol principal de la transformación fue dado por las industrias del hierro y textiles. Lo más determinante fue la invención y el uso de la máquina de vapor.

b. Segunda revolución industrial: tuvo lugar, principalmente entre 1870 y 1914 (cuando comenzó la primera guerra mundial). Se produce el desarrollo de industrias como el acero, petróleo, electricidad y el salto estuvo dado, fundamentalmente, por el uso de energía eléctrica para crear producción en masa. La revolución fue masiva, a partir del teléfono, la bombita de luz y el motor de combustión interna.

c. Tercera revolución industrial: fue la llamada revolución digital. Se produjo al pasar de medios analógicos a digitales en el uso de instrumentos y tecnología. Sigue en la actualidad, desde los '80. Fundamentalmente, la herramienta es la computadora personal, el uso de redes mediante internet y el desarrollo de tecnologías de información y comunicación (actualmente llamadas TICs).

d. Cuarta revolución industrial: toma como base la revolución digital y la integra con campos tecnológicos emergentes como la robótica, inteligencia artificial, nanotecnología, computación cuántica, biotecnología, internet de las cosas, impresión 3D y vehículos autónomos.

Se entiende que cada uno de estos avances tecnológicos han sido el fundamento de avances sociales, a partir de cambios culturales que acompañaron los logros tecnológicos.

A su vez, si entendemos que vivimos la cuarta revolución industrial, podemos afirmar que, producto de ella, también se han detectado formas patológicas y disfuncionales de usar las tecnologías, principalmente las TICs, en el ámbito de trabajo. No consideraremos aquí los temas legales o éticos del uso de dichas tecnologías (tema de gran interés) sino el impacto que estas tienen en la salud de los trabajadores. Para ello, se toma como criterio que el mal uso de las tecnologías puede convertirse en un nuevo riesgo psicosocial y definiremos, a continuación, algunas investigaciones que así lo estudian, a partir de abordar fenómenos como el tecnoestrés, la tecnofobia, la tecnoadicción, etc.

También se pueden encontrar diferencias sistemáticas en el uso de las TICs y su impacto en términos de daño psicosocial, según el tipo de generación cultural al que pertenezca una persona y de acuerdo con su edad.

Actualmente para caracterizar a los trabajadores, dadas algunas diferencias en sus conductas (principalmente respecto a cómo gestionan las nuevas tecnologías), existe un acuerdo exploratorio en dividirlos en las siguientes generaciones:

- *Babyboomers* (trabajadores de más de 51 años, aproximadamente).
- Generación X (entre 35 a 50 años, aproximadamente).
- *Millennials* (de 18 a 34 años).

Usaremos esta caracterización cultural, según los grupos etáreos, para observar posibles diferencias y estudiar la manera en la cual gestionan los desafíos de la era digital.

También, como una mirada complementaria, vamos a mostrar algunos resultados estadísticos usando conceptos de la psicología positiva, que nos permiten realizar una observación respecto de experiencias positivas. Principalmente, haremos referencia a la vivencia cognitiva y emocional que más predice el uso productivo de las tecnologías, nos referimos al *flow* al utilizar las TICs, o más específicamente, el *tecnoflow*.

Tecnoestrés y *tecnoflow* en la era digital

A raíz de la actual revolución tecnológica de la era digital (Jodar Marin, 2010), podemos asumir que es un hecho que Internet y las tecnologías que surgen para comunicarnos y gestionar la información (las TICs), tienen impacto en la cotidianeidad de los trabajadores. *Smartphones*, *tablets*, monitorización de registros automáticos, aplicaciones digitales con datos inmediatos, teletrabajo, redes sociales, etc., forman parte del uso diario, tanto personal como laboral, de trabajadores. Esto ha cambiado la manera en la que nos vinculamos y gestionamos la información que nos permite tomar decisiones. Por ello, la incorporación de las TICs a la salud y la productividad de las personas conlleva un impacto no predicho y no esperado en años anteriores.

Cabe destacar que las personas presentan distintos tipos de experiencias y reacciones frente a las TICs. Desde los estudios surgidos en disciplinas propias de la salud ocupacional (Salanova, 2010), se pueden dividir a estas acciones como saludables o no saludables (patológicas). Esta división tiene consecuencias inmediatas, en la calidad del trabajo, en los vínculos y relaciones profesionales y en los procesos de estrés generados por el buen o mal uso de las nuevas tecnologías.

La posibilidad de generar estrés hace que estos fenómenos estén enmarcados en lo que se conoce como **riesgos psicosociales** causados por (o relacionados con) las nuevas tecnologías.

Así, y siguiendo los estudios surgidos en el seno de la psicología positiva (Seligman y Csíkszentmihályi, 2000), se puede comprender también que el uso de estas tecnologías puede ser una experiencia productiva altamente disfrutada con consecuencias saludables y productivas. En tal sentido, a partir de experiencias opuestas, se puede caracterizar el tecnoestrés y el *tecnoflow,* tal como lo definimos en el estudio realizado por el Observatorio de Tendencias Sociales y Empresariales en el año sobre Tecnoestrés y Tecnoflow en trabajadores argentinos:

a. "el tecnoestrés, como experiencia de malestar psicológico producto de un impacto negativo de las tecnologías en la salud psicosocial y

b. el tecnoflow, como experiencia de bienestar saludable dada por el uso de las TICs en el trabajo." (Spontón & Medrano, 2018. P. 3)

Para ilustrar estos conceptos presentamos algunos datos, conclusiones y recomendaciones realizadas en dicho estudio.

Tecnoestrés

Tal como afirmamos arriba, el uso de las TICs conlleva efectos positivos y negativos. El principal efecto psicosocial negativo es el tecnoestrés. El estudio de este se remonta a los años '80, en el libro: "Technostress: The Human cost of the Computer Revolution", de Craig Brod (1984).

Allí, este autor lo define como: "una enfermedad de adaptación causada por la falta de habilidad para tratar con las nuevas tecnologías del ordenador de manera saludable" (En: Salanova, Llorens & Cifré, 2004). Página 1)

Según estos autores, la definición más actualizada de tecnoestrés es la siguiente:

Un estado psicológico negativo relacionado con el uso de TIC o amenaza de su uso en un futuro. Ese estado viene condicionado por la percepción de un desajuste entre las demandas y los recursos relacionados con el uso de las TIC, que lleva a un alto nivel de activación psicofisiológica no placentera y al desarrollo de actitudes negativas hacia las TIC. (Salanova et al, 2004. Página 1.

Las principales dimensiones o características de este daño psicosocial son los altos niveles de:

a. Escepticismo respecto de la importancia de las tecnologías,

b. fatiga producida por su uso,

c. nerviosismo y ansiedad al utilizarlas y

d. falta de confianza en la capacidad personal para aprender a usarlas (ineficacia percibida).

Así, ilustrando estas definiciones, podemos destacar aquí algunos de los resultados del estudio realizado en el observatorio de tendencias sociales y empresariales sobre el tecnoestrés (Spontón & Medrano, 2018). En el mismo se encontró lo siguiente:

- Casi el 11% de los trabajadores argentinos tienen escepticismo alto sobre la importancia de las tecnologías,

- casi el 17% de los trabajadores argentinos tienen altos niveles de fatiga producida por su uso,

- el 8,5% de los trabajadores argentinos presentan altos niveles de ansiedad cuando las usa y

- más del 9% siente que no tiene las competencias necesarias para poder usarlas eficazmente.

Al estudiar específicamente cada una de estas características, hemos encontrado los siguientes porcentajes:

Fatiga por el uso de TICs

En dicho estudio (Spontón & Medrano, 2018) medimos el agotamiento y la fatiga por el uso de TICs que tienen los argentinos, y podemos afirmar que, con frecuencia o alta frecuencia:

- A más del 30% les resulta difícil relajarse después de un día de trabajo en el que utilizaron TICs.

- Casi el 37% cuando termina de trabajar con TICs, se siente agotado/a.

- Al 23,5% le es difícil concentrarse después de trabajar con tecnologías.

Escepticismo respecto de TICs

También, respecto de los niveles altos de escepticismo o cinismo sobre el valor de las tecnologías según los argentinos, podemos afirmar que, con frecuencia o alta frecuencia:

- Al 27%, con el paso del tiempo, las tecnologías le interesan cada vez menos.

- Casi el 26% cada vez se siente menos implicado/a en el uso de las TICs.

— Más del 23% duda del significado del trabajo con estas tecnologías.

Ansiedad frente a las TICs

Tal como afirmamos anteriormente, experimentar ansiedad, miedo, dudas, tensión o nerviosismo al usar nuevas tecnologías en el ámbito laboral es una característica propia del tecnoestrés. En la muestra argentina pudimos ver que, con frecuencia o alta frecuencia:

— El 23,5% se siente tenso y ansioso al trabajar con tecnologías.

— Más del 20% duda de utilizar tecnologías por miedo a cometer errores.

— El 15% se siente incómodo, irritable e impaciente cuando trabaja con TICs.

Ineficacia percibida cuando se usa TICs

Ya vimos que quien sufre tecnoestrés presenta dudas respecto de sus habilidades y capacidades para gestionar las nuevas herramientas tecnológicas y los nuevos sistemas en su lugar de trabajo.

En nuestra muestra argentina pudimos observar que, con frecuencia o alta frecuencia:

— El 19,5% afirma ser ineficaz al utilizar tecnologías.

— Al 16,5% le resulta difícil trabajar con tecnologías de la información y de la comunicación.

— El 17,5% se siente inseguro de acabar bien sus tareas cuando utiliza las TICs.

¿Hay relación entre las diferencias generacionales y el tecnoestrés?

Según los resultados se puede afirmar que hay diferencias. En tal sentido, se pudo observar que, a mayor edad:

— Mayor escepticismo hacia las tecnologías,

— menor fatiga experimentada,

- mayores niveles de ansiedad y
- menores niveles de confianza en la capacidad de manejar TICs.

También, si bien "casi el 20% de los *millennials* presenta niveles altos de fatiga, esta generación de trabajadores expresa los niveles más bajos en las otras variables de tecnoestrés (escepticismo, ansiedad e ineficacia) en comparación con las otras generaciones". (Spontón & Medrano, 2018)

A su vez, los *baby boomers* presentan niveles altos de estrés producto de las tecnologías. Al respecto, vemos que más del 16% tienen niveles altos de escepticismo, el 14% presenta alta ansiedad y el 13% tiene sensación de ineficacia alta cuando utiliza TICs (Spontón & Medrano, 2018)

Tabla 1: Dimensiones del Tecnoestrés según generación cultural

	Niveles	Generación		
		millennials	Generación X	*Baby boomers*
Escepticismo	Bajo	67,3%	63,0%	58,7%
	Medio	24,1%	27,5%	25,1%
	Alto	8,6%	9,5%	16,2%
Fatiga	Bajo	54,6%	59,6%	64,8%
	Medio	25,7%	23,2%	23,9%
	Alto	19,7%	17,2%	11,3%
Ansiedad	Bajo	80,7%	73,3%	69,8%
	Medio	14,2%	18,6%	16,3%
	Alto	5,1%	8,2%	14,0%
Ineficacia	Bajo	84,7%	69,6%	64,6%
	Medio	10,7%	19,1%	22,4%
	Alto	4,6%	11,4%	13,0%

Fuente: Sponton & Medrano, 2018, p. 5.

¿Se encontraron diferencias según el sexo?

Se encontró que las mujeres presentan niveles superiores de tecnoestrés, según se observa en dicho estudio (Spontón & Medrano, 2018).

- Casi el 11% de las mujeres se sienten ineficaces cuando usan TICS, frente al casi el 8% de varones.

- El 10% de las mujeres tienen altos niveles de ansiedad por TiCs, frente al casi el 7% de varones.

Esta diferencia se acentúa en la fatiga que producen las tecnologías, donde:

- El 19% de las mujeres presenta altos niveles de fatiga (cansancio y agotamiento) por TICs, frente al 14,4% de los varones.

Tabla 2: Dimensiones del tecnoestrés según sexo

		Sexo	
	Niveles	Masculino	Femenino
Escepticismo	Bajo	63,1%	63,8%
	Medio	25,7%	25,6%
	Alto	11,2%	10,5%
Fatiga	Bajo	62,3%	55,9%
	Medio	23,2%	25,2%
	Alto	14,4%	18,9%
Ansiedad	Bajo	78,2%	72,2%
	Medio	14,9%	17,9%
	Alto	6,9%	10,0%
Ineficacia	Bajo	77,8%	70,1%
	Medio	14,4%	19,2%
	Alto	7,8%	10,7%

Fuente: Sponton y Medrano, 2018, p. 7.

¿El nivel educativo está relacionado con el tecnoestrés?

Si bien en dicho informe se avisa que son datos preliminares, se muestran algunas tendencias, aunque, en términos generales, se puede afirmar que el estrés producido por las tecnologías es mayor en las personas con niveles de estudios más bajos.

— Por ejemplo, la frecuencia más elevada de alto escepticismo (20,5%), alta ansiedad (19,5%) y alta ineficacia (25,6%) está presente en aquellos trabajadores que no tienen estudios, primario incompleto o completo. (Spontón & Medrano, 2018)

Tabla 3: Dimensiones del tecnoestrés según los estudios cursados

		Estudios cursados			
	Niveles	Sin estudios, primario incompleto, primario completo (85)	Secundario incompleto, secundario completo (298)	Terciario incompleto, terciario completo (406)	Universitario incompleto, universitario completo o posgrado (248)
Escepticismo	Bajo	53,0%	61,1%	64,8%	67,6%
	Medio	26,5%	26,2%	25,7%	24,7%
	Alto	20,5%	12,8%	9,5%	7,7%
Fatiga	Bajo	62,2%	55,5%	60,8%	59,3%
	Medio	18,3%	23,8%	24,5%	26,4%
	Alto	19,5%	20,7%	14,8%	14,2%
Ansiedad	Bajo	57,6%	71,0%	77,3%	82,3%
	Medio	27,1%	15,5%	17,7%	11,7%
	Alto	15,3%	13,5%	4,9%	6,0%
Ineficacia	Bajo	58,5%	66,8%	78,0%	80,6%
	Medio	15,9%	21,8%	14,4%	15,4%
	Alto	25,6%	11,4%	7,7%	4,0%

Fuente: Sponton & Medrano, 2018, p. 8.

En el mismo informe se agrega el concepto de *tecnoflow* al afirmar que:

"Para complementar la mirada sobre el tipo de experiencia que tienen los trabajadores argentinos con las TICS, no solo estudiamos el estrés generado por su uso, sino que presentamos aquí, un estudio donde se muestra el bienestar que sienten las personas cuando logran una conexión emocional positiva con estas herramientas, con el objetivo de mostrar ambas partes de una misma realidad.

Entendemos que el uso de tecnologías también puede aportar experiencias sumamente positivas y saludables. En tal sentido, la experiencia de fluidez (Csitzksentmihalyi, 2004) que experimentan algunas personas cuando las usan puede ser un buen indicador de bienestar.

Nos interesa aquí, ya que quien experimenta Flow (o fluidez psicológica) con tecnologías tiende a usarlas con mayor frecuencia, aprender más rápido y desarrollar conductas que favorecen la innovación y la productividad al mismo tiempo que va adquiriendo nuevas competencias y habilidades propias de la era digital en la que estamos viviendo.

Así, se pudo observar en la muestra de la población argentina, el Flow que el uso de TICS genera, a partir de sus dos componentes característicos:

– El Disfrute (componente emocional)

…Es el sentimiento positivo que ocurre cuando el desempeño de una actividad está lleno de placer, diversión, y la realización de la tarea proporciona al individuo sentimientos de satisfacción. Aunque la persona no es consciente en ese momento, está disfrutando durante la tarea, y la evaluación de este disfrute es inmediatamente posterior a la realización. El disfrute es el componente afectivo o emocional del Flow (Rodriguez, 2012).

– La Absorción psicológica (componente cognitivo)

La absorción psicológica hace referencia al estado de total concentración, donde las personas están totalmente inmersas en una determinada actividad, el tiempo vuela, y olvidan todo lo que pasa a su alrededor. Es el componente cognitivo de la experiencia de Flow (Rodriguez, 2012).(Spontón & Medrano, 2018. P. 8)

Los principales resultados sobre el tecnoflow.

En la muestra, respecto del disfrute experimentado al usar TICs, se encontró que, con frecuencia o alta frecuencia:

- A más del 59% le gusta trabajar con tecnologías y

- más del 53% disfruta cuando trabaja con tecnologías. (Spontón & Medrano, 2018)

Respecto de la absorción psicológica que tienen las personas cuando usan TICs se encontró que, con frecuencia o alta frecuencia:

- El 48,6% siente que el tiempo vuela cuando trabaja con tecnologías.

- Más del 52% logra alta concentración cuando trabaja con tecnologías. (Spontón & Medrano, 2018)

¿Existen distintos niveles de *tecnoflow* según las diferencias generacionales en trabajadores?

Los trabajadores más jóvenes experimentan mayores niveles de disfrute y este disminuye con la edad.

- Por ejemplo, el disfrute alto de los *millennials* es del 55,5%, el de la generación X baja a 53% y el de los *baby boomers*, baja al 49%. (Spontón & Medrano, 2018)

A su vez, la concentración necesaria para poder operar con tecnologías muestra una tendencia contraria al disfrute.

- En la muestra, más del 47% de *baby boomers* presenta absorción psicológica alta, frente al 42% de los de ge-neración X y el 41,5% de los *millennials*. (Spontón & Medrano, 2018)

Tabla 4: Dimensiones del tecnoflow según generaciones culturales

	Niveles	Generación		
		Millennials	Generación X	Baby Boomers
Disfrute	Bajo	20,5%	23,9%	26,7%
	Medio	24,0%	23,1%	24,0%
	Alto	55,5%	53,0%	49,2%
Absorción	Bajo	21,4%	25,2%	27,2%
	Medio	37,1%	32,7%	25,7%
	Alto	41,5%	42,1%	47,1%

Fuente: Spontón & Medrano, 2018, p. 9.

¿Se pueden observar diferencias según el sexo?

Sí se observan.

Los varones presentan niveles más elevados que las mujeres en cuanto al disfrute experimentado por utilizar TICs.

— Por ejemplo, casi el 58% de los varones experimenta alto disfrute, frente al 48,2% de las mujeres.

— A su vez, las mujeres logran niveles levemente más altos de compenetración y foco cuando usan TICs.

— Por ejemplo, el 44,6% de las mujeres presenta alta absorción con TICs, frente al 41,6% de los varones. (Spontón & Medrano, 2018)

Tabla 5: Dimensiones del tecnoflow según sexo

	Niveles	Sexo	
		Masculino	Femenino
Disfrute	Bajo	21,6%	25,0%
	Medio	20,4%	26,8%
	Alto	57,9%	48,2%
Absorción	Bajo	24,5%	24,2%
	Medio	34,0%	31,2%
	Alto	41,6%	44,6%

Fuente: Spontón & Medrano, 2018, . p. 11.

¿El nivel educativo está relacionado con el *tecnoflow*?

Si bien, son datos preliminares, se muestran algunas tendencias, sobre todo, respecto del disfrute con las TICS.

Los trabajadores con niveles más bajos de estudios disfrutan menos del uso de las tecnologías.

- Así, un poco más del 35% de trabajadores que tienen hasta primario completo tienen disfrute alto, en comparación con el casi 58% de aquellos que tienen universitario completo (Spontón & Medrano, 2018).

Tabla 6: Disfrute tecnológico según estudios cursados

	Niveles	Estudios alcanzados			
		Sin estudios, primario incompleto, primario completo	Secundario incompleto, secundario completo	Terciario incompleto, terciario completo	Universitario incompleto, universitario completo o posgrado
Disfrute	Bajo	48,2%	27,9%	19,7%	15,4%
	Medio	16,5%	23,8%	23,2%	26,7%
	Alto	35,3%	48,3%	57,1%	57,9%

Fuente: Spontón y Medrano, 2018, P. 11.

Luego de analizar estos datos, en coherencia con investigaciones previas, podemos arribar a algunas conclusiones:

Las TICs han evolucionado exponencialmente y nuestra capacidad humana para utilizarlas no ha avanzado al mismo nivel. En atención a esta "brecha tecnológica", se origina un nuevo desafío en el mundo del trabajo, el cual está dado por la necesidad de hacer un uso constructivo de las herramientas tecnológicas. Para esto debemos aprender a gestionarlas saludablemente.

Por eso, y con la visión de:

a. Prevenir patologías psicosociales.

b. Detectar tempranamente los daños en la comunicación

y los riesgos causados por el mal uso de las TICs.

c. Gestionar mejor el ingreso de una organización a las oportunidades de la era digital.

Transcribimos las principales recomendaciones del informe:

1. Capacitarse en el uso de las nuevas tecnologías, sobre todo en aquellas que sean claves para tener empleabilidad dentro del rubro en el cual esté inserto su trabajo.

2. Estar atento a las propias actitudes respecto de las TICs. Recomendamos tener una actitud de apertura e interés hacia el aprendizaje de las nuevas opciones y oportunidades que ofrece la "revolución digital", sin perder de vista sus amenazas.

3. Registrar los niveles de agotamiento, ineficacia y escepticismo que tiene uno y los compañeros de trabajo respecto de las TICs. El futuro del trabajo y de los grupos y las empresas, va a estar asociado a una actitud saludable respecto de su uso. (Spontón & Medrano, 2018, p. 12)

Adicción a las nuevas tecnologías y uso compulsivo del celular en el trabajo

Otro de los riesgos psicosociales propios de la era digital está dado por lo que actualmente se conoce como **adicción a las nuevas tecnologías o tecnoadicción**.

La adicción a las TICs está considerada un daño psicosocial que afecta la salud de quien la padece. En los ámbitos científicos hay consenso en afirmar que aquellas personas que usen de manera excesiva las tecnologías y este uso esté relacionado con un impulso involuntario, pueden estar en situación de riesgo de padecer lo que hoy se conoce como adicción a las tecnologías o tecnoadicción.

Tomando como base este consenso teórico, desde el Observatorio hemos investigado cómo se presenta la tecnoadicción en trabajadores argentinos[1]. De los resultados presentados a la prensa en febrero de 2019, extraemos algunos datos y consideraciones para que usted tenga una visión local, actualizada y estadística respecto de este tema (Spontón, Medrano y Lapuente, 2019).

Uso excesivo de TICs

Los trabajadores argentinos:

- "Más del 32% cree que utiliza en exceso las tecnologías en su vida

- Más del 61% utiliza continuamente las tecnologías, incluso fuera de sus horarios de trabajo

- Casi el 50% se encuentra pensando en tecnologías continuamente (por ejemplo, revisar el correo electrónico, búsqueda de información en Internet, etc.) incluso fuera del horario de trabajo

Uso compulsivo de TICs

Los trabajadores argentinos:

- El 27% tiene ansiedad si no tiene acceso a las tecnologías (Internet, correo electrónico, móvil, etc.)

- El 26,4% siente un impulso interno que le obliga a utilizarlas en cualquier lugar y en cualquier momento

- El 12,2% dedica más tiempo a las tecnologías que a estar con amigos/as, familia y practicar hobbies, etc.

---

[1] Tipo de estudio: descriptivo-cuantitativo. Encuesta telefónica, cuestionarios estructurados.

Población de estudio: argentinos que residen en las ciudades de Buenos Aires, Comodoro Rivadavia, Córdoba, Corrientes, Mendoza, Rosario y San Miguel de Tucumán.

Procedimiento de selección de la muestra: muestreo aleatorio estratificado (estratificación por sexo y edad).

Tamaño de la muestra: 1045 trabajadores, entre 18 y 70 años (Media = 41.42; Desviación estándar = 14.02), de ambos sexos (51,6% de mujeres).

Error de la muestra: 3.02%. (Nivel de confianza: 95%)

¿Hay diferencias según el sexo?

Se encontró que los niveles de riesgo de adicción a las tecnologías son levemente más altos en los varones que en las mujeres.

- Uso compulsivo alto: casi 36% de varones frente al 31,6% de las mujeres
- Uso excesivo alto: 13% en varones frente al 10,6% en mujeres." (Spontón et al., 2019. Página 3)

Tabla 7: Dimensiones de tecnoadicción según sexo

		Sexo	
	Niveles	Masculino	Femenino
Uso Excesivo	Bajo	66,7%	71,6%
	Medio	20,4%	17,8%
	Alto	12,9%	10,6%
Uso Compulsivo	Bajo	31,0%	38,1%
	Medio	33,2%	30,3%
	Alto	35,8%	31,6%

Fuente: Spontón, Medrano y Lapuente, 2019. P. 3 y 4.

¿Se observaron diferencias según el nivel académico alcanzado?

Tabla 8: Dimensiones de tecnoadicción según nivel académico

		Nivel académico			
	Niveles	Sin estudios, primario incompleto, primario completo	Secundario incompleto, secundario completo	Terciario incompleto, terciario completo	Universitario incompleto, universitario completo o posgrado
Uso Excesivo	Bajo	70,1%	69,3%	68,6%	69,6%
	Medio	16,1%	17,3%	19,0%	22,4%
	Alto	13,8%	13,3%	12,3%	8,0%
Uso Compulsivo	Bajo	44,2%	37,3%	31,7%	33,1%
	Medio	27,9%	30,7%	32,9%	32,3%
	Alto	27,9%	32,0%	35,4%	34,7%

Fuente: Spontón, Medrano y Lapuente, 2019, p. 4.

¿Existen diferencias teniendo en cuenta la ocupación laboral?

Figura 1: Uso excesivo alto de tecnologías según tipo de ocupación laboral

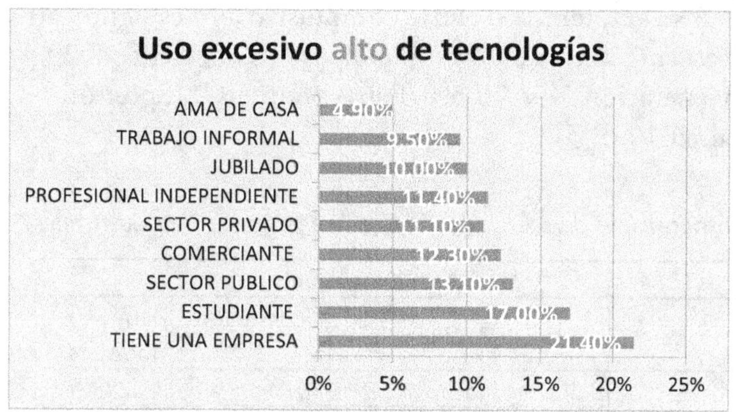

Fuente: Spontón, Medrano y Lapuente, 2019, p. 5.

Figura 2: Uso compulsivo alto de tecnologías según tipo de ocupación laboral

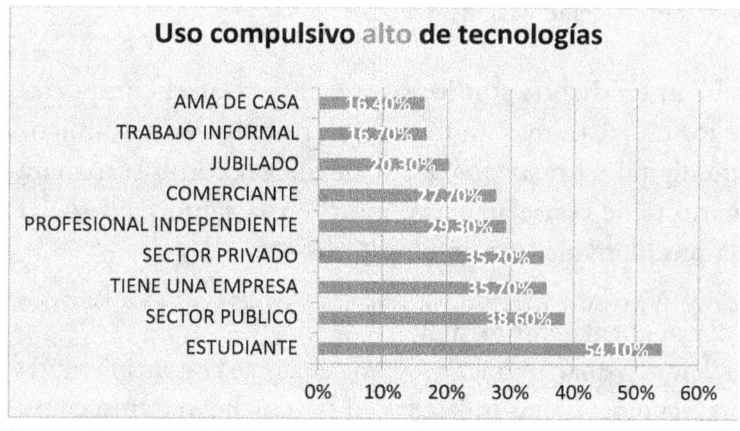

Fuente: Spontón, Medrano y Lapuente, 2019, p. 5.

¿Existen diferencias de tipo generacional?

"Sí. Los millennials son los que presentan mayores niveles de riesgo frente a la adicción a las TICs, ya que:

— • El uso excesivo alto es mayor en los millennials (15,5%), menor en los de generación X (11,5%) y aún menor en Baby Boomers (6,5%).

— • A su vez, también el uso compulsivo alto es significativamente mayor en los millennials (48%), frente al 29% Generación X y 20,3% Baby Boomers." (Spontón, et al. 2019. P. 5)

Tabla 9: Dimensiones de tecnoadicción según generaciones culturales

		Generaciones culturales		
	Niveles	Millennials	Generación X	Baby Boomers
Uso Excesivo	Bajo	59,2%	70,6%	81,2%
	Medio	25,2%	17,9%	12,3%
	Alto	15,5%	11,5%	6,5%
Uso Compulsivo	Bajo	21,8%	37,4%	48,7%
	Medio	30,2%	33,5%	31,0%
	Alto	48,0%	29,1%	20,3%

Fuente: Spontón, Medrano y Lapuente, 2019, p. 5.

También, en dicho estudio, para caracterizar el comportamiento de los trabajadores con una de las principales herramientas de la era digital (el *smartphone*), se puede ver cómo la manera de gestionarlo tiene consecuencias, tanto en la salud psicosocial como en la productividad de un empleado.

Tal como afirma el informe:

"El teléfono (smartphone) móvil o celular se convirtió en una de las tecnologías más utilizadas en la actualidad, tanto como medio de comunicación y uso de redes sociales como herramienta de organización personal, cámara de fotos, agenda, despertador, etc., siendo percibido como indispensable para algunas formas de vida o de trabajo.

Al respecto, se han hecho muchas recomendaciones para optimizar su uso y posibilitar que tenga un impacto positivo en la salud y en la educación de las personas, a la vez que se transformó en un instrumento donde están alojados todo tipo de aplicaciones digitales y redes sociales.

Aquí hemos tratado de profundizar y actualizar estos estudios, observando en la muestra de la población argentina, el impacto que el (buen o mal) uso del teléfono celular tiene en a. en la productividad laboral, b. en las relaciones sociales y c. en el uso compulsivo del mismo." (Spontón, Medrano y Lapuente, 2019, p. 8)

A continuación, ponemos bajo su consideración algunos fragmentos del informe citado (Spontón, Medrano y Lapuente, 2019) para ilustrar las dificultades que actualmente existen en la gestión cotidiana del *smartphone*. A partir de estas estadísticas se puede observar cómo todavía existe una brecha entre la potencia productiva de esta tecnología y el uso irracional que hacemos.

Impacto negativo en la productividad laboral
Para ilustrar el impacto negativo del celular en el trabajo, de la muestra destacamos los siguientes porcentajes:
- "El 16,6% considera que el celular disminuye su productividad
- El 24,5% interrumpe sus tareas para chequear el celular
- Al 9,8% le cuesta concentrarse en su trabajo, debido al uso del celular
- El 26,3% afirma que el uso del celular le hace perder tiempo valioso". (Spontón et al. P. 7)

Impacto social

Sabemos que el celular, a la vez que tiene la potencialidad de mejorar la conectividad emocional entre las personas, es un factor de riesgo cuando no es adecuadamente gestionado, ya que puede suceder que, por estar muy atento a lo que ocurra desde ese dispositivo, la persona pueda destratar, a veces sin darse cuenta, a quien tenga personamente al frente, en una situación social dada.

De hecho, se usa en ámbitos sociales el término *phubbing* para caracterizar este tipo de destrato social.

En la muestra argentina, se encontró que:
- "El 15,8% chequea su celular mientras está hablando con otra persona
- El 13,3% asume que interrumpe conversaciones familiares y amigos para chequear el celular
- El 8% asume que interrumpe conversaciones de trabajo para chequear el celular
- El 57,7% afirma que en conversaciones cara a cara, en el ámbito familiar y de amigos, la otra persona se pone a chequear el celular en medio de la conversación
- El 54,4% afirma que en conversaciones cara a cara, en el ámbito laboral, la otra persona se pone a chequear el celular en medio de la conversación." (Spontón et al. P. 7)

Para mejorar la capacidad de gestión del celular, debe admitirse que uno necesita entrenarse en hacer un uso racional de este, de la misma manera en que una persona o grupo humano mejora cuando hace un uso racional de cualquier recurso que tiene a disposición. Lo contrario al uso racional, esto es, uso irracional, es lo que se denomina **uso impulsivo**, sin reflexión, método ni evaluación de riesgos, daños o contingencias. Por eso, al evaluar los niveles del uso compulsivo del celular en argentinos, observamos los siguientes datos destacados:

- "El 19,3% piensa que el celular es un "vicio que le cuesta manejar".
- El 35% chequea el celular, aunque no haya sonado
- El 32,2% se siente obligado a usar el celular con más frecuencia de la que desea.
- El 21,5% cree que su celular ha vibrado y cuando chequea ve que no vibró.
- El 26,2% pierde tiempo utilizando el celular en lugar de hacer cosas más importantes" (Spontón et al. P. 8)

Un estudio de las causas que llevan a esta irracionalidad compulsiva, conduce a los fenómenos de dependencia, ansiedad y lo que se conoce actualmente a partir del anglicismo **nomofobia** (*no mobile phone phobia*). Es el miedo a quedarse sin acceso al celular o a Internet. También se observan déficits en las habilidades sociales, de ahí surge el chequeo permanente a las redes sociales, la búsqueda narcisista de *likes*, etc.

También, a los fines prácticos, transcribimos las recomendaciones efectuadas en el informe de Spontón et al. (2019) respecto a cada generación:

Millennials (18 a 35 años): son la generación con mayor riesgo de tecno-adicción. En general, han nacido con la experiencia de tener internet, tablets, computadoras y celulares desde muy pequeños. Se les recomienda tener presente que el buen uso de estos aparatos requiere aprendizaje, conciencia y equilibrio con las demás actividades que le otorgan sentido y propósito en la vida. También tienen la responsabilidad de ser los "inclusores digitales" mostrando a las otras generaciones que la tecnología "no es el enemigo", sino una herramienta que puede ayudar a tener una vida mejor. Los inclusores digitales son personas que preparan a otras personas para hablar/interactuar con las nuevas tecnologías.

Generación X (36 a 50 años): su mayor problema puede ser el "tiempo disponible para aprender". En general tienen una actitud de "respeto" a las tecnologías. Se les recomienda estar siempre capacitándose al respecto. Cuando le encuentran el valor y los beneficios de usarla, la utilizan de manera eficiente, sin disfrutarlas, pero convencidos de que les es útil. Les recomendamos mantenerse atentos y proactivos respecto de las nuevas tendencias sobre la era digital y las tecnologías exponenciales.

BabyBoomers (mayores de 50 años): su mayor problema puede ser "el miedo". Por eso recomendamos asumirlo. No tenerles miedo ni rechazo. En esta edad es más común la "tecnofobia", ya que muchas personas de esta generación sienten que, si tocan las teclas del celular, pueden cometer errores irreversibles y "romper algo" y por ello tienen "resistencia" a usarlo. A veces no lo asumen como miedo, sino como "rechazo" y dicen: "¡en mi época no necesitábamos estas cosas para comunicarnos!". Si logran conectarse con los millennials, pueden así reducir lo que se conoce como "brecha digital" y acercarse a los beneficios de las TICs. (p. 12)

El embajador digital: generaciones e impacto tecnológico

El término **nativo digital** representa a las generaciones de personas que nacieron a partir de 1980, época en la que ya existía Internet. Dada esta característica, su infancia y adolescencia fueron atravesadas por los videojuegos, computadoras de hogar, redes sociales digitales, teléfonos celulares, *tablets*, permanente disponibilidad de información, etc.

A su vez, están las personas de generaciones anteriores (nacidos entre 1940 y 1980) que poco a poco intentaron (o intentan) aprender a gestionar los avances tecnológicos. Algunos lo logran con mayor soltura, dada una mentalidad de aprendizaje más abierta hacia lo nuevo y otros "luchan" con las nuevas tecnologías y chocan, en varias oportunidades, con sus viejos hábitos "analógicos". Por ejemplo, pagar impuestos y cobrar el sueldo mensual, que antes se hacía en el banco, ahora se puede realizar por *home-banking*. Sin embargo, aún hay personas que prefieren hacer la cola en el banco. Algunos afirman que les lleva menos tiempo que aprender a usar la clave digital y el *username*.

Estas personas serían los llamados **inmigrantes digitales**. Tratan de entrar al mundo digital, pero no pertenecen a él. Los términos **nativos e inmigrantes digitales** fueron propuestos por primera vez por Marc Prensky (2001) en su libro: "Inmigrantes Digitales".

En el ámbito de las empresas, y dados los nuevos desafíos de la era digital, se hace imperioso la necesidad de que los empleados gestionen los nuevos sistemas de trabajo, la maquinaria basada en nuevas tecnologías, las formas más aceleradas de comunicación. En la base de esta gestión está la comprensión de que si no se innova en tecnologías (por ejemplo, pasar del *márketing* tradicional al *marketing* digital, o pasar de la gestión de RR.HH. tradicional a la gestión de RR.HH. basada en *big data*, o pasar del tradicional tablero de control a los *softwares* de *corebusiness*), va a ser difícil que la empresa pueda sobrevivir en la era digital.

A su vez, tal como vimos anteriormente, los nativos digitales gestionan mejor estos cambios, mientras que la adaptación de las generaciones mayores deberá ser tomado por las empresas como una actividad a tener en cuenta, de manera planificada, si se pretenden soluciones a corto plazo.

Una de las formas que tienen las empresas de asumir este desafío, mientras se empieza a innovar en tecnologías y nuevos sistemas digitales, es utilizar la figura del **embajador digital**.

En el ámbito de las empresas se designa con ese término a aquellos trabajadores, principalmente nativo-digitales o que manifiesten conductas de liderazgo tecnológico, que transmiten a los inmigrantes digitales la manera de gestionar este nuevo mundo. Simbólicamente su comportamiento pedagógico les ayuda a atravesar la frontera entre lo analógico y lo digital. De aquí el sentido de la figura de **embajador**. En otras empresas se lo denomina **inclusor digital**.

Nuestra propuesta consiste en que una vez empezada la transformación tecnológica interna, y en coherencia con ella, se asigne un presupuesto y un plan de inmersión para la era digital. Este plan debe estar liderado por aquellos compañeros que estén en condiciones de apoyar, enseñar y servir como modelos para los otros empleados que experimenten dificultades o resistencias emocionales frente a los nuevos procedimientos.

Recordamos que para los inmigrantes digitales todo aquello que sea un cambio en su aprendizaje analógico (validado por muchos años de habituación) es vivido inicialmente como una amenaza y, en consecuencia, es probable que se produzca un bloqueo emocional al respecto o que la persona tienda a evitar todo aquello que le genera el miedo tecnológico (tecnofobia). Para salir de este bloqueo va a necesitar apoyo, comprensión y sistematicidad.

De hecho, hay muchas personas que son embajadores digitales de manera informal. Diariamente capacitan a sus compañeros, son proveedores de consejos, ayudas y sirven de orientación y guía cuando los inmigrantes se bloquean o se pierden frente a lo nuevo. Dada esta realidad, supone un avance formalizar estas acciones.

Como conclusión podemos afirmar que, si se quiere lograr una verdadera revolución digital en la empresa, se hace necesario hacer un plan de acciones donde existan premios e incentivos formales para aquellos que faciliten la inmersión en una nueva cultura organizacional digital. Reconocer formalmente a estos líderes tecnológicos puede ser una verdadera ventaja competitiva, a la vez que es una oportunidad que tiene la organización de integrar emocionalmente a las diferentes generaciones de trabajadores.

Los nuevos desafíos
de los responsables de RR.HH.
para el desarrollo de organizaciones saludables

En este apartado presentamos algunos antecedentes legales de la gestión de cuestiones de salud psicosocial. Luego, describiremos algunos riesgos laborales nuevos ocasionados por los cambios tecnológicos y, finalmente, propondremos una metodología simple, que sea una herramienta de análisis y que signifique un cambio organizacional para cuidar mejor de los empleados a partir de la implementación de procesos estratégicos de recursos humanos.

Algunos antecedentes legales y la visión futura

Consideramos necesario avanzar en innovaciones sociales que estén a la altura de los diferentes problemas de salud psicosocial en el ámbito laboral y veremos cómo otros países (en este caso, España) están a la vanguardia respecto de estos temas. A su vez, creemos que en menos de 10 años Argentina modificará su legislación laboral y los acuerdos que haga con diferentes stakeholders para garantizar la seguridad psicológica en los distintos puestos de trabajo. Por ejemplo, el estrés y el *burnout* están considerados como riesgos psicosociales y posibles daños laborales en otros países.

En Argentina, las leyes N° 19.587 y N° 24.557 rigen la salud y seguridad en el trabajo. En las mismas, se encuentra el listado de las enfermedades y factores de riesgo, tal como lo especifica el Decreto N° 658/96. En el siguiente enlace se puede ver este listado: (http://servicios.infoleg.gob.ar/infolegInternet/anexos/35000-39999/37572/texact.htm.

Estas leyes no mencionan los factores psicosociales de riesgo. Tampoco vemos alusión a los daños psicosociales, como el *burnout*, la adicción al trabajo y el *mobbing*, entre otros. Menos aún, se encuentran los nuevos daños psicosociales producidos por el mal uso de las tecnologías en el trabajo, como el tecnoestrés y la tecnoadicción, por ejemplo.

En España, en cambio, desde el año 1995 existe una ley de prevención de riesgos laborales (Ley 31/1995).

En esta ley española encontramos determinadas acciones de prevención que deben hacer las empresas públicas y privadas (página 4 del documento enlazado). Por otro lado, esta ley crea el Instituto Nacional de Seguridad e Higiene en el Trabajo (artículo 8), organismo que reglamenta la manera en que las empresas miden sus niveles de riesgo y salud ocupacional.

En España, la introducción oficial de la relevancia de los factores psicosociales se hace probablemente a partir del RD39/1997 de los Servicios de Prevención. En la Ley de Prevención de Riesgos Laborales (31/1995) no se abordan riesgos específicos, pero establece de forma taxativa en su artículo 14 parágrafo 2, la obligación del empresario de "garantizar la seguridad y la salud de los trabajadores a su servicio en todos los aspectos relacionados con el trabajo", factores psicosociales incluidos. En el RD39/1997 de los Servicios de Prevención, en el Anexo VI en el que se describe la formación necesaria para el Técnico Superior en Prevención de Riesgos Laborales se explicita la formación necesaria en Ergonomía y Factores Psicosociales, y en el art. 34 establece cuatro especialidades posibles en los Servicios de Prevención, una de las cuales es Ergonomía y Psicosociología aplicada, reconociendo con ello los factores psicosociales como factores de riesgo para la salud del trabajador (Moreno Jiménez y Báez León Jiménez, 2010, p. 11).

Este antecedente abre un innovador campo para la prevención psicosocial en los trabajadores al obligar a las empresas a dar cuenta de los niveles de *burnout*, bienestar, acoso, estrés, violencia, impacto en la salud mental, etc. Además, se consideran los riesgos psicosociales asociados al estrés en el trabajo, un factor que es común a casi todos los daños y riesgos psicosociales.

Si el lector quiere profundizar en la lectura del documento, encontrará los datos completos en el listado de referencias.

Para los objetivos de este certificado nos alcanza con transmitirle esta información para que usted tome conciencia de lo atrasado que está nuestro país en materia de legislación laboral.

Los nuevos riesgos psicosociales ocasionados por la era digital

Según un informe de la Organización Internacional del Trabajo (Greenfield, 2017), ocurrirán cambios estructurales en determinados sectores y mercados de trabajo a partir de la economía digital, la innovación, la inteligencia artificial, la robotización y la impresión 3D. Esto redefinirá los tipos de trabajos a nivel mundial. Los autores de este informe consideran que estamos frente a una nueva revolución industrial que tendrá consecuencias positivas para la humanidad, pero concuerdan que

> hay razones que indican que la presente revolución industrial podría ser distinta. Por un lado, el cambio tiene un ritmo más rápido, por lo cual se dispone de poco tiempo para adoptar medidas preventivas y reaccionar a tiempo. Para algunos, lo más probable es que las actuales desigualdades se exacerben, por lo cual vale la pena reflexionar sobre los cambios en la distribución del incremento en la productividad (Greenfield, 2017, p. 10).

Y agregan:

A medida que se automaticen algunas de las tareas esenciales del trabajo se perderán aquellos empleos que impliquen acciones repetitivas. Los empleos rutinarios, repetitivos y físicos desaparecerán, al igual que las tareas de esta índole en otros empleos. El fenómeno afectará a los empleos de manufactura, aunque también, a diferencia de perturbaciones anteriores, a los empleos de oficina. Los empleos que resulten más difíciles de automatizar ganaran terreno en el trabajo humano. Tal es el caso, por ejemplo, de tareas complejas que dependan de competencias cognitivas elevadas, competencias interpersonales y la creatividad. Es posible que algunos sectores desaparezcan debido a algunas tecnologías (por ejemplo, la impresión 3D), con lo cual se reorganizarán o reubicarán cadenas enteras de producción para producir más cerca de los consumidores o de los recursos.

(…)

A medida que las máquinas penetren en todas las profesiones, los trabajadores funcionarán a la par de las máquinas o las computadoras. En los campos de la investigación, el desarrollo y el apoyo relativo a nuevas tecnologías, los empleos se mantendrán y crecerán. Los incrementos de productividad aumentarán las horas de ocio, por lo que la demanda de servicios recreativos también se elevará. Si bien en la economía del cuidado de terceros los empleos registrarán un alza en el futuro próximo, es posible que alguna máquina pueda eventualmente llevar a cabo este tipo de tareas, aunque sin contenido emocional ni social (Greenfield, 2017, p. 12).

Así, frente a este escenario, se entiende que es probable que surjan nuevas áreas con oportunidades y desafíos, que generarán nuevas demandas (con sus riesgos asociados) y recursos laborales (con sus factores protectores asociados).

Algunas de estas áreas impactan directamente en la salud y la seguridad de los trabajadores. Estas son:

a. Flexibilidad, disponibilidad y difusión de los límites entre el trabajo y la vida privada. Esto traerá aparejado nuevos desafíos en términos de seguridad y salud, sobre todo para la salud mental ¿Cuándo termina un día de trabajo? En estas realidades el trabajador también está expuesto a posibles riesgos de adicción a los celulares, a aplicaciones laborales, o nomofobia (Elmore, 2014).

b. Métodos de *management* digitalizados (entre ellos, el *algorithmic management*): los métodos de *management* digitalizado se caracterizan por, entre otras cosas, el uso de *big data* y distribución algorítmica del trabajo, uso de análisis avanzados de datos de las personas, perfiles digitalizados, chequeo de bienestar y productividad a partir de sensores y otros métodos de monitoreo, como observación de tonos y emociones. Estas aplicaciones emplean los datos acumulados como un recurso para tomar decisiones respecto de cómo organizar el trabajo cotidiano, por ejemplo, la distribución de las tareas entre los colaboradores o las disposiciones en el lugar de trabajo, entre otras programaciones (Moore, 2018). Como los algoritmos se utilizan para recolectar datos de productividad, también pueden emplearse para recompensar, penalizar o, incluso, despedir trabajadores.

c. Presión por el desempeño: el uso de tecnologías podría causar un desajuste entre las demandas del puesto de trabajo y las habilidades cognitivas o físicas del trabajador. Por ejemplo, cuando se trabaja con *robots* colaborativos que implementan sistemas automatizados diseñados para maximizar la productividad o con otras tecnologías, pero no se hace el correspondiente análisis del impacto que tendrán en los trabajadores humanos. Otro ejemplo es: la velocidad requerida para usar plataformas *online* o la penalización directa sobre fallas. Actualmente se cree que en el futuro muchas evaluaciones de desempeño de los trabajadores estarán realizadas con inteligencia artificial (AI) a partir de instrumentos de recolección de datos y evaluación directa.

d. Ética de los procesos decisionales realizados por inteligencia artificial: la transparencia y la ética de las decisiones basadas en algoritmos de AI o tomadas con máquinas o *robots*, impactarán en la confianza y en la aceptación que los trabajadores tengan para con estos sistemas. También podrán considerarse nuevos factores de estrés y ansiedad en el trabajo.

e. Ciberseguridad: si es cierto que los procesos y dispositivos de trabajo estarán controlados y se comunicarán se entre ellos a través de internet (o tecnología GPS, sistemas IoT, redes inalámbricas, bases de datos centrales, etc.), también es cierto que aumenta la probabilidad de que existan *hackers* informáticos que busquen apropiarse del control de estos sistemas.

El cuidado de las personas en cada proceso estratégico de RR.HH.

Algunos autores encuentran útil destacar las principales actividades del área de recursos humanos bajo la denominación procesos estratégicos de recursos humanos (Alles, 2006). Bajo esta denominación se incluyen las formas cómo una determinada empresa gestiona:

a. el análisis del trabajo;

b. selección y socialización de los nuevos empleados;

c. formación y capacitación;

d. evaluación del desempeño;

e. sustracción y desvinculación de empleados.

A estos procesos estratégicos, sumamos otro que nos parece central:

f. Motivación, salud y seguridad laboral.

La manera en la cual la empresa gestiona la motivación, salud y seguridad tendrá un impacto directo en la productividad y en el clima laboral. Aquí nos interesa reforzar sus conocimientos al respecto para que colabore a mejorar esos procesos con una metodología simple de intervención.

Para ello hacemos algunas recomendaciones para aumentar el nivel de cuidado de los empleados, sea cual fuere el tamaño de la organización:

1. Describir el estado presente: analizar cómo se toman actualmente las decisiones (y cómo se les da seguimiento) en cada uno de los procesos estratégicos de recursos humanos.

2. Plantear un estado deseado: detectar áreas de estos procesos que sean posibles de mejorar a partir de imaginar un estado deseado futuro. Sugerimos que proyecte este estado deseado a no más de dos años.

3. Plan de acciones: diseñar un listado de acciones que, a partir del estado presente, ayuden a asignar los recursos (tiempos, responsables y materiales) que se consideren apropiados o posibles de utilizar para llegar al estado deseado en el tiempo proyectado.

Para colaborar con este plan, sugerimos algunas preguntas que lo orientarán a encontrar las mejoras necesarias en cada uno de los procesos;

a. Análisis del trabajo:

– ¿Cómo se deberían analizar los puestos de trabajo de esa empresa?

– ¿Qué mejoras deben hacerse para planificar el diseño de puestos, funciones y tareas?

– ¿Qué procesos sería estratégico formalizar?

– ¿En qué tareas es urgente mejorar la calidad?

– ¿Qué asesores externos deberían participar para lograr estas mejoras en los próximos dos años?

– ¿Con qué herramientas se debería analizar si un empleado se desempeña bien, regular o mal? ¿qué beneficios traería esta herramienta? ¿Cuánto cuesta?

– ¿Qué problemas futuros puede imaginar? ¿Las áreas se encuentran bien dotadas (de recursos técnicos y humanos) para resolver estos problemas futuros?

b. Selección y socialización de los nuevos empleados:

- ¿Cómo se debería realizar el proceso de selección de empleados en los próximos dos años?

- ¿Qué proceso de socialización se puede implementar para facilitar la integración a la cultura organizacional de una persona que ingresa a esta empresa?

- ¿Cómo deberían tomarse las decisiones respecto de la cantidad de recursos humanos a ingresar en los próximos dos años?

- ¿Qué actividades deberían llevarse a cabo para mantener o mejorar el clima socioemocional?

c. Formación y capacitación:

- ¿Las personas cuentan con el nivel de capacitación acorde a las demandas imaginadas para los próximos dos años?

- ¿Qué presupuesto se debería asignar para capacitar personas en los próximos dos años?

- ¿Qué capacitación específica puede ayudar a prepararse preventivamente para enfrentar los desafíos o dificultades de esta empresa?

d. Evaluación del desempeño:

- ¿Cómo se debería evaluar el desempeño de los empleados?

- ¿Se debería evaluar el desempeño de los directivos? ¿Cómo?

- ¿Cómo se puede mejorar el sistema de recompensas formal e informal? Imagine aquí un futuro donde deba gestionar más personas.

e. Sustracción y desvinculación de empleados:
— ¿Debería haber un protocolo de desafectación de
  empleados?
— ¿Cómo se debería decidir el egreso de un trabajador?

f. Motivación, salud y seguridad laboral:
— ¿Cómo evaluaría la motivación de nuestros empleados
  durante los próximos dos años?
— ¿Cómo evaluaría los niveles de salud ocupacional o laboral durante los próximos dos años?
— ¿Cómo evaluaría los niveles de riesgo laboral durante los
  próximos dos años?
— ¿Qué acción se podría implementar para fidelizar a los
  empleados más talentosos en los próximos dos años?

Referencias

Bandura, A. (1997). Self-efficacy: The exercise of control. New York: Freeman

Bass, B. & Riggio, R. (2006). Transformational leadership. New Jersey: Lawrence Erlbaum Associates.

Bass, B. (1985). Leadership and Performance Beyond Expectations. New York: The Free Press.

Bass, B. & Avolio, B. (1990). Transformational leadership development: Manual for the multifactor leadership questionnaire. Palo Alto, CA: Consulting Psychologists Press.

Bass, B. & Avolio, B. (1993). Transformational leadership and organizational culture. En: Public administration quarterly, 17, 1: 112-121.

Castro Solano A. (2007). Teoría y evaluación del liderazgo. Buenos Aires: Paidós.

Cruz-Ortiz, V. & Salanova, M. (2011). Percepciones compartidas: cuando 1 y 2 son más que 3. En: Fòrum de Recerca, 16: 861-874.

Cruz-Ortiz, V., Salanova, M. & Martinez, I. (2013). Liderazgo transformacional y desempeño grupal: unidos por el engagement grupal. Revista de Psicología Social, 28 (2), 0-0

House, R., Javidan, M., Hanges, P. & Dorfman, P. (2002). Understanding cultures and implicit leadership theories across the globe: an introduction to project GLOBE. J World Bus. 31:3-10.

Llorens, S., Salanova, M. & Sorribes, J. (2009). Liderazgo transformacional y capital psicológico positivo. Un estudio de caso en una empresa de construcción. Direct Construc. 220: 48-56.

Maeda, J. (2010). Las leyes de la simplicidad. Gedisa. Méjico.

Maffei, J., L. (2012). Liderazgo Positivo. Recuperado de: https://

www.youtube.com/watch?v=pi2uwykbCt8

Morin, E. (2009). Introducción al pensamiento complejo. Gedisa. Méjico.

Nader, M., Castro Solano, A. (2009). Relación entre los estilos de liderazgo, valores y cultura organizacional: un estudio con líderes civiles y militares. Anuario de Psicología (Barcelona). 40(2):237-254.

Oscar, A., Alcázar, F. & Otero, A. (1995). Claridad y Conflicto de rol en los Equipos de Atención Primaria (EAPs). Cuadernos de Gestión, 17, 73-87.

Pucheu, A. (2010). ¿Cómo el liderazgo transformacional de supervisoras de enfermería afecta el burnout de enfermeras clínicas? Evidencia de dos hospitales chilenos. Ciencia & Trabajo. 38:403-439.

Rafferty, A. & Griffin, M. (2004). Dimensions of transformational leadership: Conceptual and empirical extensions. En: The leadership quarterly, 15, 3: 329-354.

Reutlinger, A., Hangleiter, D. & Hartmann, S. (2016). Understanding (With) Toy Models. Germany.

Robbins, S. (2004). Capítulo 8: Bases de la conducta del grupo. En Comportamiento Organizacional. Méjico. Pearson/Prentice Hall. Ed. 10.

Schein, E. (2010). Organizational culture and leadership. EEUU. Jossey-Bass. Ed. 4.

Sosik, J. & Godshalk, V. (2000). Leadership styles, mentoring functions received and jobrelated stress: A conceptual model and preliminary results. J Vocat Behav. 21:365-390.

Tims, M., Bakker, A. & Xanthopoulou, D. (2011). Do transformational leaders enhance their followers' daily work engagement? The Leadersh Q. 22:121-131.

Trógolo, M., Pereyra, A., Spontón, C. (2013). Impacto de Diferentes Estilos de Liderazgo Sobre el Engagement y Burnout: Evidencia en una Muestra de Trabajadores Argentinos. Ciencia & Trabajo.15 [48]: 152-157.

Andrada, C. (2013). *Investigación y tecnología en Latinoamérica. La experiencia argentina*. Buenos Aires: La Colmena.

Cropanzano, R., Wright, T. (2001). "When a "happy" worker is really a "productive" worker: A review and further refinement of the happy-productive worker thesis". Consulting Psychology Journal Practice and Research. 53. 182–199.

Csikszentmihalyi, M. (2007). *Aprender a fluir*. Barcelona: Kairos.

Del líbano, M. & Llorens, S. (2012). Adicción al trabajo: Guías de Intervención. España. Editorial Síntesis.

Craig, Brod (1984). Techno Stress: The Human Cost of the Computer Revolution. Massachusetts. Editorial: Addison-Wesley.

Golden, L. y Altman, M. (2008). Why do people overwork? Over supply of hours of labor, labor market forces and adaptive preferences. En Burke, R.J. y Cooper, G. (Eds). *Effects of Work Hours and Work Addiction: Strategies for Dealing with Them* (pp. 61-83). Londres: Emerald Group Publishing Ltd. London.

Golden, L. (2009). A brief history of long worktime and the contemporary sources of overwork. *Business Ethics, 84*(2), pp. 217-227.

Schwab, C. (2019). *Klaus Schwab. Biografía.* Recuperado de https://www.weforum.org/about/klaus-schwab

Jodar Marín, J. (2010). La era digital: nuevos medios, nuevos usuarios y nuevos profesionales. *Razón y Palabra*, 15(71).

Mazzetti, G., Schaufeli, W., Guglielmi, D. y Depolo, M. (2016). Overwork climate scale: psychometric properties and relationships with working hard. *Managerial Psychology, 31*(4), pp. 880-896.

Peiró, J., Kozusznik, M., Rodriguez, I. y Tordera, N. (2019). The Happy-Productive Worker Model and Beyond: Patterns of Wellbeing and Performance at Work. *Environmental Research and Public Health*, 16(479), pp. 2-20.

Porter, L. y Lawler, E. (1968). *Managerial attitudes and performance.* Homewood: R. D. Irwin.

Prensky, M. (2001). Digital Natives, Digital Immigrants. *On the Horizon,* 9(5), p. 1-6.

Salanova, M., Llorens, S. & Cifré, E. (2004). NTP 730: Tecnoestrés: concepto, medida e intervención psicosocial. España. INSHT

Salanova, M., Del Líbano, M., Llornes, S. y Schaufeli, W. (2010). *La adicción al trabajo.* NTP 759. España: Instituto Nacional de Seguridad e Higiene en el Trabajo.

Salanova, M., Llorens, S. y Martínez, I. (2016). Aportaciones desde la psicología organizacional positiva para desarrollar organizaciones saludables y resilientes. Papeles del Psicólogo, 37(3), pp. 177-184.

Schaufeli, W., Taris, T. y Bakker, A. (2006). Dr. Jekyll and Mr. Hide: On the differences between work engagement and workaholism. En Burke (Ed.), *Work hours and work addicction* (pp. 193-252). Massacusetts: Edward Elgar.

Seligman, M. y Csíkszentmihályi, M. (2000). Positive Psychology. An introduction. *American Psychologist*, 55(1), pp. 5-14.

Siegrist, J. (1996). Adverse health effects of high-effort/low-reward conditions. *Journal of Occupational Health Psychology*, 1(1), pp. 27-41.

Sponton, C. y Medrano, L. (2018). *Tecnoestrés y Tecnoflow en trabajadores argentinos.* Secretaría de Investigación de la Universidad Siglo 21. (En prensa).

Spontón, C., Medrano, L. y Lapuente, L. (2019). *Tecno-adicción e impacto del uso de celulares en argentinos.* Secretaría de Investigación de la Universidad Siglo 21. (En prensa).

Vroom, V. y Deci, E. (1979). *Motivación y alta dirección.* México: Trillas.

Wright, T., Cropanzano, R. & Bonett, D. (2007). "The moderating role of employee positive well being on the relation between job satisfaction and job performance". Journal of Occupational Health Psychology.12, 93–104

Impreso por Editorial Brujas • junio 2020 • Córdoba–Argentina